HISTOIRE

DES

LYCÉES ET COLLÉGES

DE PARIS

SUIVIE D'UN APPENDICE SUR

LES PRINCIPALES INSTITUTIONS LIBRES

et d'une Notice historique sur

LE CONCOURS GÉNÉRAL

DEPUIS SON ORIGINE JUSQU'A NOS JOURS

PAR

VICTOR CHAUVIN

Rédacteur en chef de la *Revue de l'Instruction publique*

PARIS

LIBRAIRIE DE L. HACHETTE ET Cie

BOULEVARD SAINT-GERMAIN, N° 77

—

1866

HISTOIRE
DES
LYCÉES ET COLLÉGES
DE PARIS

AUTRES OUVRAGES DU MÊME AUTEUR :

Les romanciers grecs et latins. 1 vol. in-18 jésus. 2 fr.
Traité de rhétorique. 1 vol. in-18 jésus. 1 fr. 50 c.
La brochure d'un paysan du Danube. In-8. 1 fr.

EN COLLABORATION AVEC M. FERDINAND DENIS :

Les vrais Robinsons. Illustré de 90 gravures par Yan Dargent. 1 magnifique vol. grand in-8. 15 fr.

Imprimerie générale de Ch. Lahure, rue de Fleurus, 9, à Paris.

HISTOIRE
DES
LYCÉES ET COLLÉGES
DE PARIS

SUIVIE D'UN APPENDICE SUR

LES PRINCIPALES INSTITUTIONS LIBRES

et d'une Notice historique sur

LE CONCOURS GÉNÉRAL

DEPUIS SON ORIGINE JUSQU'A NOS JOURS

PAR

VICTOR CHAUVIN

Rédacteur en chef de la *Revue de l'Instruction publique*

PARIS
LIBRAIRIE DE L. HACHETTE ET Cie
BOULEVARD SAINT-GERMAIN, N° 77

—

1866

Tous droits réservés

PRÉFACE.

Les différents chapitres dont se compose ce volume ont été d'abord publiés séparément dans la *Revue de l'instruction publique*. Toutefois, le livre n'est point la reproduction exacte des articles du journal : le premier travail a été revu avec soin, corrigé et souvent augmenté.

Il n'en pouvait être autrement dans un ouvrage de ce genre, et c'est même ce qui nous a décidé à recourir d'abord à la publicité du journal, afin de soumettre, pour ainsi dire, notre œuvre à une épreuve préparatoire, et de faire appel à tous ceux qui pourraient nous fournir des renseignements pour compléter ou rectifier ceux que nous avions recueillis nous-même.

Si nous avons pu, en effet, profiter de

quelques monographies pour l'histoire de certains établissements et surtout pour les faits déjà éloignés, ce secours nous a manqué complétement pour l'époque moderne et nous n'avons dû compter, pour cette partie, que sur les communications bienveillantes et les souvenirs personnels des intéressés. Ils ne nous ont point fait défaut, et nous sommes heureux de pouvoir en témoigner notre reconnaissance aux nombreux professeurs ou chefs d'établissement qui ont bien voulu nous faciliter notre tâche avec autant d'obligeance que d'empressement.

C'est aussi pour nous un devoir d'indiquer les principaux ouvrages que nous avons consultés : l'excellente *Histoire de Sainte-Barbe*, par M. Quicherat; l'*Histoire du collége Louis-le-Grand*, par M. Emond; l'*Histoire du lycée Bonaparte*, par M. Lefeuve; la *Notice historique sur le Concours général*, par M. Taranne; différents discours prononcés, l'un à la distribution des prix du Concours général, par M. Lenient, les autres à celles des lycées ou colléges, par MM. Buquet, Collin, Pierron et Rinn ; enfin le *Livre d'honneur*, par M. Jarry de Mancy, et les Annales des Concours généraux.

On trouvera certains noms cités plusieurs fois, mais ce n'est point le résultat d'une erreur. Tel professeur a enseigné successivement dans deux ou trois lycées ; tel élève a commencé ses études dans un collége et les a terminées dans un autre ; parfois aussi, il s'agit d'élèves d'une institution libre suivant les cours d'un lycée. C'est ainsi que nous n'avons pas hésité à compter, parmi les anciens élèves de Louis-le-Grand, MM. Vatout, Scribe, Paravey, Quicherat, Renouard de Bussières, et autres, quoique nous sachions fort bien qu'ils sont avant tout *barbistes* et fiers de ce titre.

Dans la liste des noms que nous avons cités, il y a certainement des lacunes, car nous n'avons point la prétention d'avoir fait du premier coup une œuvre achevée :

nous tenons du moins à déclarer que, si quelque nom important a été omis, aucun n'a été écarté systématiquement.

Aujourd'hui qu'il est de mode d'attaquer l'Université, nous avons cru bon de mettre en lumière quelques pages de son histoire : il n'y a point d'apologie qui vaille les faits. L'antique institution qui s'intitulait fièrement la fille aînée des rois, la vénérable mère des études (*primogenita regum filia, alma studiorum parens*), peut sans crainte invoquer son passé pour répondre de son avenir, et nous livrons hardiment ce livre au jugement impartial de ses amis comme de ses ennemis.

Bellevue, 15 juin 1866.

I

LYCÉE LOUIS-LE-GRAND

I

LYCÉE LOUIS-LE-GRAND

Une histoire des lycées et colléges de Paris doit nécessairement commencer par le lycée Louis-le-Grand. C'est, en effet, non-seulement un des plus importants, mais encore un des plus anciens, celui dont le nom rappelle les plus nombreux et les plus glorieux souvenirs universitaires.

Sa fondation remonte au 2 juillet 1563. Les jésuites s'étaient déjà établis depuis l'an 1550, rue de la Harpe, sous la protection et dans l'hôtel même de Guillaume Duprat, évêque de Clermont, qui les avait pris en affection au concile de Trente, et qui fit son testament en leur faveur.

A sa mort, ils acquirent un hôtel étendu, connu sous le nom de Cour de Langres, situé dans la rue Saint-Jacques, entre les colléges des Cholets et de Marmoutiers, et adossé au collége du Mans. Ils lui donnèrent le nom de Collége de Clermont, en souvenir de leur bienfaiteur : le lycée Louis-le-Grand était fondé.

La première période de son existence fut orageuse. Les jésuites déclarèrent, en ouvrant leur collége, que chez eux l'instruction serait gratuite, c'est-à-dire que les élèves n'auraient à payer que le prix de leur pension, très-modique d'ailleurs, grâce aux donations qui arrivaient de toutes parts : quant aux honoraires des professeurs, ils restaient exclusivement à la charge de la Société.

Aussitôt l'Université protesta contre cette concurrence ; des procès furent engagés, et la querelle prit de telles proportions, que les personnages les plus importants de l'État y eurent part. La royauté même n'y resta pas étrangère. Ainsi, en 1582, Henri III, qui avait à se louer de l'Université, la récompensa par la création de trois chaires royales; mais pour tenir la balance égale entre les parties, il alla, le 20 avril, poser la première pierre de la chapelle que les jésuites bâtissaient dans leur collége. En même temps, il fit une fondation pour l'entretien de douze bourses spécialement destinées aux jeunes gens pauvres.

L'année suivante, le collége de Clermont reçut de Rome le plan d'éducation et d'études connu sous le nom de *Ratio studiorum*, dont les premiers éléments sont tirés des constitutions d'Ignace de Loyola, et qui fut rédigé, sous les yeux d'Aquaviva, général de l'ordre, par six jésuites de différentes nations, choisis parmi les plus éclairés et les plus habiles.

Toutes ces circonstances donnèrent à l'enseignement des jésuites une vogue énorme et qui défiait la concurrence. Sans doute leurs professeurs n'avaient pas tous la même valeur que ceux de l'Université, mais on n'y songeait pas en voyant à leur tête quelques brillantes individualités, des étrangers surtout, Italiens ou Espagnols. Ils prêtaient bien le flanc à la critique par certains détails de leur plan d'études et par le choix de leurs livres classiques; seulement cet inconvénient était largement compensé par l'avantage de l'extrême bon marché qu'ils offraient aux familles.

« Mais le côté fort des jésuites, celui qui, non moins que leur savoir faire, leur conserva la faveur, après que les premiers transports de l'engouement furent calmés, ce fut la discipline. A l'avantage que leur donnait en cette partie leur organisation et la ponctualité qui en était la suite, ils joignirent celui de n'avoir pas d'attaches dans le passé, et de pouvoir par conséquent faire table rase de toutes les vieilles habitudes d'indépendance, de toutes les coutumes universitaires qui, par des retours périodiques, consacraient le règne du désordre. Ils eurent encore le bon esprit de s'approprier les progrès qui s'étaient accomplis dans les meilleurs colléges au profit de la bonne tenue; ils puisèrent à pleines mains dans tous les programmes, même dans celui de l'école de Genève.

« Chez eux l'enfance cessa d'être absolument livrée à elle-même : elle devint l'objet d'une surveillance assidue, qui fut exercée par des sous-maîtres pendant le temps que les maîtres avaient à s'éloigner. Et cette surveillance n'eut pas seulement pour objet d'empêcher les écarts de conduite : elle dut être encore une étude des caractères et des habitudes pour arriver à découvrir le mode de direction dont il convenait d'user à l'égard de chaque sujet. Comme l'esprit français, avec son ouverture, se prêtait à merveille à cette partie du devoir des maîtres, il se forma entre les jésuites et leurs élèves une réciprocité sincère d'attachement. Les révérends pères mirent leurs colléges de France au-dessus de tous les autres qu'ils possédaient en Europe, et plus d'une fois on les entendit se louer de ce que, tandis qu'après toute la durée des études, ils en étaient encore à hésiter sur le caractère d'un Italien ou d'un Espagnol, au bout de la première année, ils avaient pénétré nos jeunes Français, et possédaient tous les moyens de les conduire.

« Leur doctrine était qu'il faut faire du travail un agrément et de l'obéissance un plaisir. C'est pourquoi ils reléguèrent les verges au second plan, les ôtant de la main des maîtres pour les attribuer à un fouetteur salarié qui ne portait pas l'habit de leur ordre. On ne devait y recourir qu'à la dernière extrémité. Ils chassaient de leurs maisons l'élève qui s'y serait exposé trop souvent. Les stimulants qu'ils employaient étaient ceux de l'émulation et de l'amour-propre : les confréries d'honneur et les *académies,* où les bons sujets étaient appelés à accomplir ensemble des devoirs de piété ou certains exercices littéraires, les titres d'empereur, de consul, de tribun, décernés aux premiers dans les compositions, les petites décorations portées sur l'habit, les distributions de prix qu'ils convertirent en une institition à la gloire des particuliers non moins que des élèves, car ils éveillèrent parmi les gens riches l'ambition de fournir ces prix, en introduisant dans la cérémonie où ils étaient décernés l'éloge public des donateurs [1]. »

Cependant la lutte contre l'Université continua avec des chances diverses, jusqu'au règne de Henri IV; mais, en 1594, l'attentat de Jean Châtel vint porter un coup terrible aux jésuites. Châtel était élève du collége de Clermont : aussi, le collége fut-il l'objet d'une perquisition générale, et tous les maîtres furent arrêtés dès le premier jour.

On sait ce qui arriva : Châtel fut exécuté en place de Grève; le P. Guéret, son professeur de philosophie, et le P. Alexandre Hayus, qui avaient prononcé en classe

---

1. Quicherat. *Histoire de Sainte-Barbe*, t. II, p. 60 et 61.

quelques paroles inconvenantes contre le roi, furent bannis à perpétuité ; le P. Guignard, chez lequel on avait saisi des dissertations compromettantes sur le crime de Jacques Clément, fut pendu en Grève et brûlé ; enfin, les jésuites reçurent l'ordre de quitter, dans trois jours, Paris, et dans quinze jours, le royaume.

A cette époque, se place la réforme de Henri IV, réforme devenue indispensable par les excès et les abus de tout genre que l'on trouvait dans les écoles. La commission nommée pour exécuter cette réforme, vint visiter le collége de Clermont. Elle n'y vit, de tous côtés, que les restes de la désolation qu'y avait laissés le fléau de la guerre civile. « Les classes et les salles n'étaient plus que des écuries et des étables abandonnées, qui regorgeaient encore du fumier des chevaux et des troupeaux qu'on y avait retirés. Les appartements, que le feu et la brutalité des soldats avaient épargnés, étaient occupés par des étrangers qui y entretenaient leurs femmes et leurs ménages. »

La réforme fit bien disparaître quelques abus, mais le collége de Clermont ne reprit son ancienne physionomie qu'au retour des jésuites, rappelés par lettres patentes du 17 juillet 1606, mais seulement avec le droit de séjourner à Paris, sans faire *aucunes lectures publiques ou autres choses scolastiques.*

Du reste, cette prohibition ne dura pas. Dès le 12 octobre 1609, les jésuites furent autorisés à faire des leçons publiques de théologie, et l'année suivante, après la mort de Henri IV, ils reçurent de nouveau le droit de faire des leçons publiques de *toutes sciences.*

L'Université réclama : l'affaire fut même portée aux états généraux en 1614 ; mais, après de longs débats, un arrêt du conseil, daté du 15 février 1618, maintint aux jésuites le droit d'enseigner, « à la charge toutefois de se soumettre aux lois et règlements de l'Université. » A dater de ce jour, ils se trouvèrent définitivement rétablis dans leur collége, et leur premier soin fut de chercher à l'étendre.

Ils achetèrent d'abord, dans la rue Saint-Jacques, huit maisons, au milieu desquelles se trouvait leur façade, puis ils portèrent leurs vues sur le collége du Mans, situé dans la rue de Reims, et dont la position, en 1625, était très-précaire. Devant l'opposition énergique de l'Université, ils échouèrent à plusieurs reprises, en 1625, en 1631, etc. Mais, grâce à leur ténacité et à l'influence de leurs amis, ils finirent par réussir, et englobèrent successivement, dans leur voisinage, les colléges du Mans, de Marmoutiers, du Plessis, des Cholets, etc., qui tous vinrent agrandir le collége de Clermont.

Cependant, ce collége lui-même tombait en ruine. Ils le firent rebâtir sous la direction de l'architecte Augustin Guillain : la première pierre en fut posée le 1er août 1628, et ils eurent l'adresse de faire présider celte solennité par le prévôt des marchands et les échevins, ce qui leur concilia les sympathies de la bourgeoisie.

Ce fut la plus brillante période de l'enseignement sous les jésuites. Le collége renfermait alors huit cents personnes dont les élèves ne formaient guère que la moitié. On comptait une centaine de domestiques, et environ trois cents maîtres et professeurs.

L'entretien de ce nombreux personnel était moins dispendieux qu'on ne pourrait le croire, car tous devaient se contenter de la vie commune. Le collége était renommé entre tous ceux de Paris pour l'excellence de ses études. L'instruction reposait sur la connaissance des langues anciennes. Elle était répartie dans six classes auxquelles se rattachaient toutes les matières de l'enseignement. Aristote régna longtemps dans la chaire de philosophie, mais il céda la place à Descartes, qui fut lui-même remplacé par Newton : les jésuites suivaient les progrès de la science.

Ils donnaient surtout un soin constant au choix des maîtres, et, quand ils trouvaient un sujet qui leur paraissait avoir les aptitudes nécessaires, ils s'appliquaient à le former pendant de longues années. Du reste, plusieurs de leurs professeurs de cette époque sont restés célèbres. Ils avaient, dans la classe de philosophie, après Auger et Maldonat, Garnier, Cellot, Vavasseur ; dans la classe de mathématiques : Bourdin, d'Harrouis, Pardies, Challes, de Fontaney, Gouye; dans la classe de rhétorique : Briet, Jourdan, Cossart, Lucas, de la Rue, Jouvency, le Jay ; enfin, dans l'administration ou la surveillance : Sanadon, Tournemine, Porée, Brumoy, Sirmond, Caussin, Bagot, Labbe, Rapin, Bouhours, Commire, Houdry, Lallemand, etc.

La maison avait acquis, à Gentilly, une grande propriété contenant les deux tiers du village, et où se trouvaient plusieurs corps d'hôtel avec terrasses, de vastes servitudes, un jardin avec des allées couvertes et d'élégants parterres, des vergers, des potagers, des hautes futaies, des glacières et des canaux qui recevaient l'eau de Bicêtre. Elle était renfermée par un long circuit de murailles, coupées de distance en distance par des pavillons. Le collége y trouvait une abondante provision de légumes et de fruits, et les élèves un but fréquent de promenade.

Outre ces promenades, et sans parler de l'émulation que les jésuites étaient fort habiles à exciter dans leurs classes, les élèves avaient, même à l'intérieur, de nombreuses distractions. Ainsi, les jours de congé, on réunissait, sous la surveillance d'un régent ou d'un profès de l'ordre, ce qu'on appelait une académie. L'assemblée avait son président, son secrétaire et ses conseillers que les élèves choisissaient entre eux. L'on s'exerçait à parler en public sur un sujet indiqué.

La haute société de Paris ne dédaignait pas d'assister à ces exercices, et les vers, narrations, discours ou thèses prononcés dans ces circonstances avaient quelquefois une importance réelle. Un grand nombre étaient dédiés au roi, imprimés par Cramoisy, ornés par le burin de Drevet, de Poilly, d'Edelinck, de Sevin, de Vermeulen, d'Extinguer, et annoncés par des affiches posées dans la grande cour du collège.

La plupart de ces pièces sont rares aujourd'hui : toutefois, M. Cocheris en a donné un catalogue, comprenant près de cent cinquante numéros, dans sa récente édition de l'*Histoire de la ville et du diocèse de Paris*, par l'abbé Lebeuf.

Parmi les exercices des jésuites, il faut aussi mentionner les représentations théâtrales. Il y avait la petite et la grande comédie.

Les premières, écrites en français, étaient représentées dans la cour du Mans neuf : c'était l'œuvre des révérends pères, et celles du P. Ducerceau sont particulièrement estimées.

On connaît surtout, dans ce genre, *Les Incommodités de la grandeur*, en vers français, représentée par les élèves des jésuites, d'abord devant le roi d'Angleterre, puis devant la duchesse d'Orléans, au collége ; et, plus tard, en présence du roi Louis XV, au château des Tuileries, dans la galerie des ambassadeurs.

Les noms des acteurs qui y figurent suffiront pour indiquer la composition tout aristocratique du collége à cette époque :

Ch. A. de la Trémouille,
P. L. de Mortemart,
J. E. de Blanes,
A. J. de Nicolaï,
A. L. de Béthune-Charost,
J. B. Fleuriau d'Armenonville,
J. V. de Rochechouart de Mortemart,
V. Méliand,
J. de Tourmont,
F. de Paris,
J. G. de Riquet de Bonrepos.

Quant à la grande comédie, c'était la tragédie latine. La scène, adossée à la classe de rhétorique, dans la cour d'entrée, s'avançait jusqu'aux grilles du bâtiment de la chapelle et de celui des réfectoires qui sont en face l'un de l'autre. Trois amphithéâtres et toutes les fenêtres donnant sur la cour étaient réservés aux spectateurs que couvrait une tente immense, et l'on n'épargnait rien pour le choix des devises et des emblèmes, pour la richesse des décorations et des draperies.

Quelques-unes de ces pièces étaient remarquables par les éléments dramatiques et par la versification. Toutefois, le P. Lejay, y trouvant une source de distractions pour les élèves et un travail pénible imposé annuellement au professeur de rhétorique chargé de composer la tragédie, remplaça ces représentations par un discours d'apparat. Le P. Porée revint à la tragédie, puis on s'arrêta, avec les plaidoyers, à une espèce de moyen terme. Les orateurs discutaient contradictoirement sur un sujet donné.

C'est à une des tragédies de cette époque que le collége de Clermont dut le patronage de Louis XIV. En 1650, un profès de l'ordre, le P. Jourdain, fit jouer une tragédie latine, intitulée *Susanna*. Il ne s'agit point de la Suzanne biblique, mais d'une jeune fille, martyre sous Dioclétien. La pièce, froidement écrite, hérissée d'antithèses, ne méritait guère, malgré quelques intentions dramatiques, le bruit qui se fit autour d'elle.

Brueys la mit au théâtre sons le nom de *Gabinie*.

On en parla tellement dans Paris que Louis XIV, âgé de douze ans alors, voulut la voir, et il vint au collége de Clermont, avec sa mère Anne d'Autriche, Charles II, roi d'Angleterre, et le duc d'York. Il se retira, enchanté de la pompe du spectacle et fort content des acteurs, dont plusieurs étaient de son âge. On vit plus tard qu'il avait conservé un bon souvenir de cette journée.

En 1674, les jésuites invitèrent le roi à assister à une de leurs distributions de prix. On fit, pour le recevoir, les préparatifs les plus somptueux ; on joua une tragédie latine; un élève de rhétorique, avec le costume patricien, récita un prologue contenant la comparaison obligée de Louis XIV avec le soleil; dans les entr'actes, les élèves exécutèrent des ballets, sous la direction de leurs maîtres de danse.

La satisfaction du roi était visible. En ce moment, quelqu'un dit près de lui :

« En vérité, tout ici est admirable !

— Je le crois bien, reprit vivement le roi; c'est *mon collége!* »

Ces derniers mots, dits très-probablement sans intention, furent habilement exploités par les jésuites. Dans la nuit même, ils enlevèrent leur vieille inscription placée au-dessus de la porte d'entrée :

Collegium Claromontanum societatis Jesu.

et la remplacèrent par celle-ci :

Collegium Ludovici Magni.

C'est ainsi que le collége de Clermont devint le collége Louis-le-Grand. On murmura un peu dans le public; on accusa les jésuites d'ingratitude envers leur ancien bienfaiteur; on ne leur épargna pas les épigrammes, dont la plus connue est celle-ci :

Sustulit hinc Jesum, posuitque insignia regis
Impia gens; alium nescit habere Deum.

L'auteur, écolier de seize ans, fut, dit-on, enfermé à la Bastille, et y resta trente et un ans : c'était payer bien cher un méchant distique.

Les jésuites n'en conservèrent pas moins leur inscription, avec le consentement tacite du roi. Du reste, en 1682, Louis XIV leur donna ouvertement le titre qu'ils n'avaient eu jusqu'alors que par surprise. Par lettres patentes du mois de novembre, il se déclara fondateur de leur collége à Paris, lui donna le titre de collége royal avec l'autorisation de porter ses armes, confirma les droits et bénéfices antérieurement acquis à la maison, et en octroya de nouveaux. Enfin, il leur envoya son buste en marbre par Coysevox.

On comprend quel éclat cette faveur du roi donna au collége; toute la noblesse de France y accourut : les Conti, les Bouillon, les Rohan, les Soubise, les Luxembourg, les Villars, les Montmorency, les Duras, les Brancas, les Grammont, les Boufflers, les Richelieu, les Nivernais, les Mortemart, les Broglie, les Créqui, les d'Estrées, etc. Chacun de ces brillants écoliers avait un domestique attaché à sa personne. Le pape lui-même, Innocent XII, voulut contribuer à augmenter le prestige de la maison. En janvier 1693, il envoya aux jésuites le corps de saint Maxime, qui fut reçu en grande pompe par les trois mille élèves de la maison, et déposé dans la chapelle en grande cérémonie.

Il n'entre pas dans notre plan de montrer les jésuites se mêlant, en dehors de l'enseignement, aux querelles religieuses de l'époque. Citons pourtant un fait, qui se passa à Louis-le-Grand, et qui est un curieux exemple de l'état des esprits. Un jeune régent osa, dans une harangue publique, traiter cette question :

Racinius an. christianus, an poeta?

Et il conclut que Racine n'était ni chrétien, ni poëte. Il convient d'ajouter toutefois que ce singulier docteur fut désavoué par les supérieurs et les principaux fonctionnaires de Louis-le-Grand, et que le P. Bouhours fut chargé de faire des excuses à Racine.

A cette époque aussi, survint un accident qui eût pu faire tort à un établissement moins bien placé dans la confiance publique.

Un jour que les élèves jouaient à la berne, l'un d'eux tomba sur le pavé et se tua sur le coup : ce malheur eut d'autant plus de retentissement que la victime était un neveu du cardinal Mazarin.

La prospérité de Louis-le-Grand se soutint pendant les deux premiers tiers du dix-huitième siècle. Son histoire ne fut marquée que par la rivalité redoutable de l'Université, dirigée alors par Rollin, puis par Coffin; par le passage dans ses murs de quelques élèves illustres plus tard, comme Voltaire; enfin par l'annexion de l'*École des jeunes de langues*, qui, créée en 1669 par Colbert et destinée à fournir des drogmans pour nos relations avec l'Orient, fut, en 1721, réunie au collége Louis-le-Grand.

Pendant ce temps, si les jésuites n'agrandissaient plus leur maison, ils mettaient tous leurs soins à l'embellir. La chapelle fut décorée avec magnificence et reçut, entre autres ornements, quatre tableaux d'autel, qu'on plaçait aux époques de l'année correspondant avec le sujet qu'ils représentaient : une *Nati-*

vité, de Jouvenet; une *Résurrection*, de Cazes; une *Purification*, de Hallé; un *Saint Ignace*, de Vignon.

« Après la châpelle, les jésuites ne voyaient rien au-dessus de la bibliothèque. Elle occupait, dans la seconde cour, deux corps de bâtiment qui faisaient angle derrière le vieux Mans et le Mans neuf. La première de ces deux ailes avait été construite par la munificence du surintendant Fouquet ; elle avait vue sur le jardin des pères. L'autre, qui n'existe plus aujourd'hui, portait le nom de Harlay, en mémoire d'un magistrat de cette famille, qui avait légué ses livres à l'Institut.

« Outre une quantité considérable de livres choisis, la bibliothèque se composait d'une très-riche collection de médailles formée par le P. Sirmond, et de deux cent quatre-vingts manuscrits, non compris ceux que les missionnaires avaient apportés de la Chine et du Japon.

« Plus de quarante-trois mille volumes

avaient été classés par le P. Cossart, le maître de Santeuil, de concert avec Garnier.

« La théologie d'abord, avec l'Ancien et le Nouveau Testament; les décrets, les SS. Pères, les casuistes et les ascétiques; ensuite la jurisprudence, la philosophie, les mathématiques, l'astronomie, la chirurgie, la médecine, la botanique, la physique, la chimie, l'histoire naturelle, l'éloquence, la poésie.

« Au bout de cette première salle, où s'étendaient, les unes au-dessus des autres, ces longues files de volumes rangés dans le plus bel ordre, s'ouvrait, à gauche, une vaste pièce qui renfermait la cosmographie et l'histoire.

« Cette seconde galerie s'élevait de plusieurs degrés au-dessus de la première. Elle était soutenue par deux rangs de colonnes, entre lesquelles se trouvaient des globes reposant sur leur socle. Aux deux extrémités, se présentaient deux sphères énormes. On voyait aussi, sur de grands panneaux, la chronologie dérouler ses fastes, depuis le berceau du monde jusqu'au règne glorieux de Louis XIV.

« De chaque côté, des armoires à compartiments surmontées de bustes et de portraits. Chacune des neuf fenêtres éclairait, en face, un de ces savants modestes, la gloire du collége Louis-le-Grand.... A droite, une porte.... qui conduisait au cabinet des médailles.

« On distinguait, parmi celles qui étaient d'or, Alexandre et les généraux qui se partagèrent son empire après sa mort; parmi celles qui étaient d'argent, Persée, roi de Macédoine, et une très-belle figure de Rome victorieuse. On remarquait, en bronze, un Saturne sur la poupe d'un vaisseau, un Janus, qui remontait à l'enfance de l'art, des effigies appartenant aux différents peuples qui défendirent leur liberté contre la puissance de Rome, une suite complète des rois et des empereurs.

« Les livres mis à l'index par la cour de Rome étaient renfermés dans une chambre étroite, véritable cachot, à peine éclairé par une petite fenêtre garnie de barreaux de fer, etc. [1]. »

L'année 1762 est une date importante dans les fastes du collége. On sait qu'à cette époque, les jésuites furent définitivement expulsés de France. Le 31 mars 1762, ils fermèrent Louis-le-Grand où ils n'avaient plus que cent soixante-cinq élèves, dont quinze externes. Leurs biens furent affectés au payement de leurs dettes; mais un arrêt du Parlement (28 juillet 1763) déclara « tous bâtiments et terrains composant le collége que les ci-devant soi-disant jésuites occupaient, rue Saint-Jacques, ne pouvoir être employés, suivant leur destination, à autre usage qu'à l'instruction publique. »

Le collége Louis-le-Grand, placé dans ces nouvelles conditions, fut destiné à servir de chef-lieu à l'Université, qui n'en avait jamais eu jusqu'alors. L'inscription placée sur

---

[1]. Emond, *Histoire du collége de Louis-le-Grand*, p. 205 et suiv.

la porte d'entrée fut remplacée par celle-ci :

*Collegium Ludovici Magni
in quo Academiæ parisiensis ædes alumnique,
et collegium Dormano-Bellovacæum,
ex munificentia Ludovici XV,
regis dilectissimi,* 1764.

C'est là que dut siéger désormais le tribunal académique : on y transféra la halle au parchemin et les archives de tous les colléges ; la bibliothèque de l'Université fut également placée dans son enceinte.

Le roi, par lettres patentes du 21 novembre 1763, réunit dans le reste de ses vastes bâtiments tous les boursiers des autres colléges où il n'y avait plus de plein exercice, et les soumit à la surveillance d'un conseil permanent d'administration, composé du recteur, de cinq professeurs émérites, du syndic et du principal du collége.

Cette réunion amena la suppression de vingt-six colléges, dont les revenus étaient presque anéantis : c'étaient les colléges d'Arras, d'Autun, de Bayeux, de Boissy, des Bons-Enfants, de Bourgogne, de Cambrai, des Cholets, de Cornouailles, de Dainville, des Dix-Huit, de Fortet, d'Huban, de Justice, de Laon, du Mans, de Maître-Gervais, de Narbonne, de Presles, de Reims, de Sainte-Barbe, de Saint-Michel, de Séez, de Tours, de Tréguier et du Trésorier. Ce nombre s'éleva, bientôt après, à vingt-neuf, par la translation du collége de Lisieux, qui fit place, en 1764, à celui de Beauvais, et par l'adjonction de celui de Mignon ou de Grandmont, en 1769, lors de la suppression de l'ordre de Grandmont, auquel cet établissement avait été cédé en 1584. Les bâtiments de tous ces colléges furent vendus, les fonds versés dans la caisse de Louis-le-Grand, et la liquidation faite aux dépens et au nom de ce collége.

Elle laissa à Louis-le-Grand 450 000 livres de rentes, avec lesquelles on pourvut aux bourses, en leur affectant des fonds inaliénables et susceptibles d'augmentation avec le temps ; aussi le nombre des bourses, qui d'abord n'était que de 185, fut bientôt porté à 414, pour s'élever plus tard à 600. Sur le refus de M. Joly, professeur royal de théologie en Sorbonne, on choisit pour principal M. Gardin-Dumesnil, professeur de rhétorique au collége d'Harcourt, et auteur du livre bien connu des *Synonymes latins*. Son installation solennelle eut lieu le 20 octobre 1764. Trois jours après, le roi envoya son portrait au collége.

Jusqu'à la Révolution, le collége fut en possession de toutes les immunités que la faveur de Louis XIV avait accordées aux jésuites. Il ne payait pas d'impôt sur le sel; il pouvait faire entrer dans Paris 300 muids de vin pour sa consommation, sans être soumis à aucun droit. Il avait en outre la jouissance de tous les bénéfices et propriétés qui composaient sa fortune sous les jésuites, et parmi lesquels se trouvait le prieuré-cure de Pomponne, près Lagny-sur-Marne. L'excédant des revenus était employé en gratifications, soit aux maîtres, soit aux employés de l'établissement, dont les gages étaient trèsmodiques, soit même aux boursiers qui s'étaient distingués pendant le cours de leurs études par leur bonne conduite et leur application.

On connaît une gratification de ce genre, qui mérite d'être citée à cause de l'homme qui en fut l'objet, et dont le nom devait bientôt acquérir une autre célébrité :

« Aujourd'hui, 19 juillet 1781, sur le compte rendu par M. le principal, des talents éminents du sieur de Robespierre, boursier du collége d'Arras, lequel est sur le point de terminer son cours d'études ; de sa bonne conduite pendant douze années, et de ses succès dans le cours de ses classes, tant aux distributions des prix de l'Université qu'aux examens de philosophie et de droit; le bureau accorde audit sieur de Robespierre une gratification de la somme de six cents livres, laquelle lui sera payée, par M. le grand maître, des deniers du collége d'Arras, et ladite somme sera allouée à M. le grand maître, dans son compte, en rapportant expédition de la présente délibération, et la quittance dudit sieur de Robespierre. »

Cette pièce indique que nous approchons de la Révolution, et Robespierre ne fut pas le seul des anciens élèves de Louis-le-Grand qui y joua un rôle important : il faut citer aussi Saint-Just et Camille Desmoulins.

Il paraît, du reste, que l'effervescence des idées du dehors avait pénétré dans la docte maison, et que la discipline s'en ressentait ; aussi plusieurs directeurs se succédèrent-ils rapidement : l'abbé Poignard, docteur en théologie de la maison et société de Navarre, qui donna sa démission huit ans après avoir remplacé Gardin, démissionnaire lui-même en 1770; l'abbé Bérardier, docteur et syndic de la Faculté de théologie de Paris, député aux états généraux, et qui était en fonctions quand la Révolution éclata.

A cette époque, et pendant la Terreur, le collége Louis-le-Grand eut la gloire de rester seul ouvert; il n'échappa ni aux troubles, ni aux désordres, mais il fut toujours néanmoins un centre d'études. En juillet 1790, il fut déserté toute une journée par les élèves, qui voulurent aller travailler, au champ de Mars, aux terrassements qui devaient servir d'amphithéâtre pour la fête de la Fédération; mais les mutins rentrèrent à dix heures du soir, harassés de fatigue, les plus grands portant bravement les plus petits sur leurs épaules.

En 1792, les Marseillais furent logés provisoirement dans les classes du rez-de-chaussée, et l'aspect de ces terribles visiteurs effraya les élèves, comme devaient les effrayer, vingt-trois ans plus tard, les cosaques qu'on leur donna pour hôtes, en juillet 1815.

Peu après, le bâtiment du Belvédère, dans la cour du Bassin, au centre même du collége, fut converti en prison : Robespierre y fut amené au 9 thermidor; mais le geôlier refusa de l'incarcérer, et on le transféra au Luxembourg.

Le collége mérita d'ailleurs la faveur de la Convention grâce au patriotisme de ses élèves qui partirent pour la frontière, au nombre de plus de cent, en septembre 1792. Un décret spécial décida qu'ils continueraient à être payés de leur bourse sous les drapeaux. En 1794, on comptait deux cents de ces boursiers sur le champ de bataille.

L'*Etat des colléges de Paris* en 1793 offre, sur cette période, un renseignement intéressant : c'est, en dehors des cours des professeurs de l'Université, le tableau des honoraires attribués aux maîtres du collége Louis-le-Grand.

Nous le reproduisons :

« Principal : honoraires, 2400 livres; lettres, frais de voitures, etc., 600 liv. Total, 3000 liv.

5 examinateurs des boursiers, payés chacun 1500 liv.

2 sous-principaux, 1600 liv.

1 docteur agrégé en droit, 600 liv.

1 maître de conférences des juristes, 500 liv.

4 maîtres répétiteurs de philosophie, 1600 liv.

2 maîtres répétiteurs de rhétorique, 1000 liv.

1 maître répétiteur de seconde, 450 liv.

1 maître répétiteur de troisième, 450 liv.

1 maître répétiteur de quatrième, 450 liv.

1 maître répétiteur de cinquième, 400 liv.

1 maître répétiteur de sixième, 400 liv.

1 régent de septième, 400 liv.

1 maître de septième, 400 liv.

3 maîtres surnuméraires, 450 liv.

1 maître pour les écoliers retenus les jours de congé, 72 liv.

1 chapelain, 150 liv.

Tous les maîtres sont logés, nourris, chauffés, servis et soignés en maladie aux frais du collége.

Les huit professeurs du collége sont nourris ou reçoivent un dédommagement de 500 livres par an. »

Depuis que la suppression de l'Université avait fermé tous les colléges (1794), Louis-le-Grand, bien que désolé et profané, vivait, grâce au dévouement de M. Champagne, professeur de seconde, qui ne voulut pas, comme la plupart de ses collègues, abandonner des enfants qu'il aimait, et une maison où il avait été élevé. Le collége perdit seulement le nom de son royal patron, et il s'appela d'abord *Institut central des boursiers*, puis *Collége de l'Egalité*, enfin, en 1798, sur la proposition de François de Neufchâteau, *Prytanée français*.

Cette même année, M. Champagne acheta le château de Vanves, bâti, en 1698, sur les dessins de Mansart, et qui, longtemps succursale du collége, en a été séparé récemment. Nous y reviendrons plus loin à cette occasion.

Cependant le premier consul, qui songeait à réorganiser l'instruction publique, porta tout d'abord son attention sur Louis-le-Grand. Il visita l'établissement, fut satisfait de l'ordre, de la tenue, des réponses des élèves, et rendit immédiatement au Prytanée une partie des biens qui avaient appartenu autrefois à la maison. En 1800, sur la proposition de Lucien Bonaparte, ministre de l'intérieur, il décréta la division du Prytanée en quatre colléges, placés à Paris, Versailles, Saint-Germain et Fontainebleau, destinés principalement à donner l'instruction gratuite aux enfants des militaires morts sur le champ de bataille; ils pouvaient aussi recevoir des pensionnaires. Les élèves étaient divisés en deux sections, les uns au-dessus de douze ans, les autres plus jeunes. Les uns apprenaient les mathématiques; les autres les humanités, la rhétorique, la philosophie : tous étaient initiés à l'anglais, à l'allemand, au dessin, aux armes, à la danse.

Enfin, le 17 mars 1808, Napoléon, devenu empereur, organisa l'Université impériale, et ordonna la création des lycées en nombre égal à celui des cours d'appel. Le collége Louis-le-Grand, nommé d'abord Lycée de Paris, devint bientôt après le Lycée impérial; et ce fut lui encore qui fut mis à contribution pour former la plupart des nouveaux établissements.

Dès les premiers jours de cette réorganisation, Louis-le-Grand compta un triomphe de plus.

Le Grand-Maître de l'Université, M. de Fontanes, venait, par un décret en date du 30 mars 1810, de mettre au concours une somme de 100 napoléons pour la meilleure composition latine sur les noces de Napoléon et de Marie-Louise. Les professeurs de rhétorique concoururent, et le prix fut obtenu par Luce de Lancival, l'auteur d'*Hector* et d'*Achille à Scyros*, qui enseignait les belles-lettres, avec Castel, au Lycée impérial.

L'auteur ayant succombé quelques jours après (15 avril 1810), un page, accompagné des dignitaires de l'Université, vint déposer la médaille d'or et la couronne de laurier sur son lit de mort.

Une anecdote peut faire juger du régime tout militaire qui régnait à cette époque dans les lycées.

Il y avait, dans le petit collége, un élève de huit ans dont le sous-directeur avait mal lu le nom : il l'appelait *Richerand*. L'enfant réclama avec la timidité de son âge, mais on lui imposa silence en le menaçant des arrêts. Il porta alors sa plainte à sa mère, qui en parla au proviseur. Le bon droit eut enfin gain de cause, mais d'une façon originale.

Un beau matin, le sous-directeur, devant tout le quartier assemblé, prononça solennellement cette mémorable décision :

« Par arrêté de M. le proviseur en date de ce jour, l'élève *Richerand* s'appellera désormais *Richeraud*. »

En 1810 eut lieu la retraite de M. Champagne.

Il fut remplacé (juin) par M. de Sermand, qui conserva ce poste jusqu'aux Cent-Jours. Sous son administration, en mai 1813, eut lieu la mort de Jacques Delille. On dressa, pour l'exposer, une chapelle ardente dans le vestibule du Collége de France où il habitait, et on y conduisit les élèves de Louis-le-Grand, qui défilèrent devant le corps. M. de

Sermand fut remplacé par M. Taillefer qui, d'abord chef d'institution, puis sous-censeur à Charlemagne, était alors proviseur à Versailles.

A la chute de l'Empire, le lycée reprit son ancien nom de Louis-le-Grand. Bientôt après, une révolte sérieuse éclata : attribuée par quelques-uns aux rigueurs du nouveau régime, elle paraît avoir été surtout provoquée par une vive hostilité contre le sous-directeur de la 2e cour, M. Chadrin, et contre un maître d'étude. Tous deux coururent des dangers sérieux. Le mouvement n'avait été nullement prévu par les autorités : il fallut l'intervention de la force armée pour le réprimer, et un arrêté de la commission de l'instruction publique ferma le collége pendant deux jours.

Après le renvoi des mutins, M. Taillefer fut nommé inspecteur de l'Académie de Paris, et céda la place à M. Malleval, successivement élève, maître d'étude et professeur au collége, dont la fermeté fit tout rentrer dans l'ordre.

M. Malleval tient une place importante dans l'histoire du lycée. Envoyé au Prytanée comme boursier par Annonay, sa ville natale, il ne s'y était présenté qu'après le délai fixé pour son admission et il avait failli ne jamais entrer dans cette maison où il devait plus tard jouer un si grand rôle. Renvoyé avec son correspondant, il rencontra, en sortant, une dame qui, touchée de ses larmes, le prit par la main, plaida chaleureusement sa cause et obtint qu'on attendrait au moins la décision du proviseur absent en ce moment. Le proviseur consentit à garder l'enfant.

Cette dame, à laquelle M. Malleval devait tant, était Mme Littré, la mère du savant que tout le monde connaît.

Pendant les six années que dura son administration, M. Malleval releva considérablement les études du lycée Louis-le-Grand. Dès la première année (1819) l'établissement obtint, au concours général, trente-trois prix, parmi lesquels le prix d'honneur remporté par M. Cuvillier-Fleury. M. Drouyn de Lhuys l'eut quatre ans plus tard. L'habile proviseur intéressait le gouvernement à son lycée dans toutes les circonstances possibles. Il y fit décerner des prix au nom de la ville, à l'occasion du mariage du duc de Berry. Il obtint que le duc d'Angoulême vînt visiter l'établissement. Il s'occupait beaucoup de ses élèves, provoquait leurs réclamations et y répondait avec une grande exactitude, tout en maintenant une discipline sévère.

Toutefois, le gouvernement ne tarda pas à trouver que, si la régénération avait fait de grands progrès, ces progrès étaient trop lents à son gré. On crut les hâter en nommant, à la place de M. Malleval (1823), M. Berthot, inspecteur général honoraire et recteur de l'académie de Dijon. Cette mesure inattendue mécontenta les parents et les élèves; l'insubordination se développa dans le collége, et, à la Saint-Charlemagne, les élèves refusèrent de répondre au toast que le proviseur portait au roi. Devant un pareil éclat, on voulut faire un exemple : on licencia les coupables, mais cette mesure fut exécutée avec une impitoyable rigueur, et on n'épargna aucun des convives du banquet. Le résultat de cette sévérité ne se fit pas attendre : le lycée, ainsi décapité, n'obtint que deux prix au concours général à la fin de l'année, et il fut longtemps à se relever d'un pareil coup.

On dut aussi choisir un nouveau proviseur : ce fut M. Laborie, recteur de l'académie de Strasbourg, qui, nommé en 1824, ne se retira qu'à la révolution de 1830, et fut remplacé par M. Pierrot, professeur de rhétorique au collége.

A cette époque (27 août 1829) l'enseignement de la gymnastique fut introduit dans les lycées, et d'abord à Louis-le-Grand, sous la direction du capitaine Schreuder du bataillon des sapeurs-pompiers, aidé de M. Petitot, chef de division au ministère de l'instruction publique.

Au point où nous sommes arrivés, nous devons nous borner à citer les noms des proviseurs qui se sont succédé jusqu'à nos jours. M. Pierrot mourut, dans l'exercice de ses fonctions, le 5 février 1845, après avoir surtout signalé son passage par une administration intelligente et ferme, et par l'organisation de l'enseignement de la gymnastique et de la musique : c'est à lui qu'on doit la création des excellents concerts dits de Louis-le-Grand.

Le lycée qui, en 1848, porta quelque temps le nom de *Lycée Descartes*, a été dirigé depuis par MM. Rinn (7 février 1845), Forneron (12 janvier 1853), Jullien (21 août 1856) et Didier (6 août 1864).

Cette dernière date marque un événement important dans l'histoire de Louis-le-Grand : la séparation du collége et de sa succursale de Vanves, érigée en lycée par décret impérial.

Nous devons ici donner quelques détails sur cet établissement.

M. Champagne, lorsqu'il dirigeait, après la Terreur, le lycée Louis-le-Grand, voulut accomplir un projet conçu par un de ses prédécesseurs, l'abbé Bérardier. Comme les élèves ne pouvaient sortir sans voir aux étalages des livres dangereux ou des gravures obscènes, il chercha, dans les environs de Paris, un rendez-vous pour les promenades, et jeta les yeux sur le château de Vanves, ancien domaine de la maison de Condé, alors en vente. L'affaire traînait en longueur, quand un incident inattendu vint en hâter la solution.

Un dimanche de septembre, les élèves de seconde et de troisième, se trouvant en promenade dans la campagne de Meudon, demandèrent à visiter le château. Le concierge, qui connaissait les projets d'acquisition du collége, reçut gracieusement les visiteurs, et, sous sa direction, ils parcoururent, deux à deux, en bon ordre, le château, les parterres, le grand et le petit bois, la ferme, les bassins, et enfin le verger. Malheureusement le verger était fort beau, et la compagnie fut tellement sensible à ces beautés, qu'en dépit du maître et du concierge, chacun se mit à piller, à qui mieux mieux, les poires, les pommes, les raisins, etc. Le dégât fut complet. Aussi le propriétaire demandait-il une indemnité fort élevée, et un procès allait s'ensuivre, quand M. Champagne, désirant tout concilier, se décida à conclure le marché (28 fructidor an VII).

La prise de possession fut célébrée par de grandes réjouissances. Ce jour-là, les élèves plantèrent eux-mêmes l'avenue qui conduit au château. Une boîte contenant les pièces de monnaie alors en circulation et une médaille indiquant la date du contrat de vente furent enterrées sous le troisième arbre de la grande allée qui s'étend le long des bassins, depuis le grand bois jusqu'au village de Vanves.

Vanves resta un simple but de promenade jusqu'en 1853, mais à cette époque le proviseur, M. Forneron, eut l'heureuse idée d'y installer un petit collége destiné aux jeunes enfants, et véritable pépinière du lycée de Paris. La mesure fut décidée par un arrêté en date du 28 juin. La prospérité toujours croissante de Louis-le-Grand devait malheureusement amener, peu d'années après, un démembrement.

Par décret impérial du 6 août 1864, Vanves est devenu le sixième lycée de Paris, et on a appelé à la direction le proviseur même de Louis-le-Grand, M. Jullien, recteur honoraire, promu à cette occasion commandeur de la Légion d'honneur. Les études seront, dans le nouvel établissement, poussées jusqu'en quatrième inclusivement, et pour que Vanves ne puisse point perdre son caractère, il ne sera jamais érigé en collège de plein exercice. Seulement on gardera dans une division spéciale les élèves qui se destinent à la marine de l'État. Des constructions considérables ont été élevées pour répondre aux exigences de la nouvelle situation, et les voyageurs qui viennent de quitter la gare Montparnasse s'étonnent aujourd'hui de voir ces vastes édifices si rapidement construits, et dont les grandes lignes blanches ressortent vigoureusement sur le fond des vieux arbres du parc.

Nous devons ici nous borner à constater la mesure sans la discuter. Ajoutons pourtant qu'elle nous paraît contestable. Il est bon d'avoir répondu à un besoin général en assurant aux jeunes enfants un enseignement aussi élevé qu'à Paris, et cela aux portes même de la ville, dans une maison qui a les charmes et la salubrité de la campagne. Mais n'a-t-on point, en cette occasion, traité un peu légèrement les intérêts légitimes du lycée Louis-le-Grand? La maison de Paris avait dépensé plus de 1 200 000 fr. pour son collége de Vanves, et on en a donné quittance au nouveau collége du Prince Impérial. C'est assurément un procédé généreux, mais on ne peut s'empêcher de songer que ces 1 200 000 fr. feraient aujourd'hui fort bon effet dans la caisse d'où ils ont été tirés, et qu'ils serviraient au moins à rebâtir le lycée qui tombe en ruines.

Le lycée de Paris compte aujourd'hui une population de 1295 élèves, dont 800 internes et 240 barbistes.

Nous aurons conduit l'histoire de Louis-le-Grand jusqu'à l'heure présente, en mentionnant le projet dont on a parlé il y a quelque temps, mais qui a déjà produit une vive sensation chez tous les anciens élèves de ce lycée.

Il ne s'agirait de rien moins que d'exproprier le vieux collége, et de le transférer prochainement dans un vaste terrain de la rue de Sèvres.

Sans entrer ici dans une discussion pour laquelle les champions ne manquent pas, nous croyons au moins pouvoir rappeler à notre tour que Louis-le-Grand ne restera lui-même qu'à la condition de ne pas déserter ces hauteurs de la Montagne Sainte-Geneviève, où fut son berceau, où sont tous ses souvenirs.

On aurait beau transférer le nom, bâtir un lycée nouveau, plus grand, plus élégant, plus commode, le vrai Louis-le-Grand sera toujours, quoi qu'on fasse, dans l'enceinte de ces vieux murs qui ont vu passer, sans parler des noms déjà cités, des maîtres comme Luce de Lancival, Castel, Goffaux, Dubos, Maugras, Lemarchand, J. Burnouf père, Artaud, Damiron, Filon, Courtaud-Diverneresse, Gaillardin, Grellot, Charpentier, Pourmarin, Emond, Chambry, Leprévost d'Irai, de Guerle, Trognon, Rigault, et des élèves dignes de ces maîtres.

C'est là, en effet, qu'ont étudié Molière, Crébillon, Chapelle, Bernier, Voltaire, Gresset, Favart, de Malesherbes, Legris-Duval, de Cheverus; c'est là que, depuis le commencement du siècle, on a vu tant d'hommes, connus depuis à divers titres, soutenir dignement la vieille réputation du collége. Rappelons-en ici du moins quelques-uns, bien que cette liste ne puisse être complète :

MM. Alexandre, Amaury-Duval;

Barbié de Bocage, Ch. Barbier, Barthélemy Saint-Hilaire, Baudelaire, F. Baudry, Évariste Bavoux, Élie de Beaumont, Étienne Béquet, Léon Bertrand, Bétolaud, Boitard, Boselli, Bouillet, Bozérian, Eug. Burnouf;

Caussin de Perceval, Chardin, Chasles, Crapelet, Crémieux, Cuvillier-Fleury;

Danilo Ier, prince régnant du Montenegro, Daveluy, Eugène Delacroix, Didier, Drouyn de Lhuys, Ducauroy, le baron Dupuytren;

G. Farcy, Faidherbe, Feray, Octave Feuillet, Frayssinous;

Gail, Geoffroy, Guigniault;

L. Hachette, Harel, Victor Hugo, Husson; Jules Janin;

Laboulaye, Lachelier, Lambert Thiboust; Lebrun, Lerminier, Lesieur, Littré;

Matouchewitz, Mézières, Montcourt;

Paravey, Partarrieu-Lafosse, Princeteau; Quicherat;

Renouard de Bussières, Rigault de Genouilly;

Sylvestre de Sacy, Sévelinges;

Tanneguy-Duchâtel;

Brière de Valigny, Henri Vié, Villemain; Weiss.

Au moment même où nous mettons la dernière main à ce livre, un projet de loi adopté par le conseil d'Etat et distribué au Corps législatif, nous apprend que la translation du lycée Louis-le-Grand à la rue de Sèvres vient d'être décidée. On trouvera à la fin de ce volume le texte du projet avec l'exposé des motifs qui l'accompagne. Quels que soient les arguments allégués, ils ne nous ont pas convaincu, et nous n'avons rien à changer à ce que nous avons dit plus haut.

II

LYCÉE CHARLEMAGNE

II

LYCÉE CHARLEMAGNE.

Deux de nos plus importants lycées modernes se rattachent, par la tradition, à la Compagnie de Jésus. On sait que Louis-le-Grand a remplacé le collége de Clermont, où l'enseignement appartint pendant tant d'années aux jésuites. Charlemagne a une origine analogue, car le lycée actuel est établi dans les bâtiments où était installée la maison professe de cet ordre fameux.

Sur cet emplacement se trouvait, pour ne pas remonter trop haut, le vieil hôtel Saint-Pol.

Il tombait en ruine, lorsqu'il vint par héritage, en 1563, aux mains de Madeleine de Savoie, veuve de Montmorency d'Anville, le chef des Politiques, l'ami du chancelier de l'Hospital.

Cette princesse le vendit, moyennant seize mille livres, au futur roi de la Ligue, à Charles, cardinal de Bourbon, qui le céda aux jésuites, le 12 janvier 1580, pour qu'ils y établissent leur maison professe.

Ils profitèrent immédiatement de cette concession. Deux ans après, en 1582, ils avaient déjà terminé la construction de leur chapelle connue sous le nom de Saint-Louis, et bientôt remplacée par l'église actuelle. Celle-ci eut pour architecte le père François Derraud, et la première pierre en fut posée en 1627 par Louis XIII, accompagné de François de Gondy, archevêque de Paris. Le roi donna lui-même les fonds nécessaires à la construction ; la chaire fut fournie par Gaston d'Orléans, son frère[1], et le portail fut exécuté, aux frais de Richelieu, par le père Marcel Ange, jésuite lyonnais.

L'inauguration eut lieu le 9 mai 1641, et ce fut Richelieu lui-même qui y célébra la première messe, en présence du roi, de la reine et de Gaston d'Orléans.

Il n'entre point dans notre cadre de suivre l'histoire de la maison professe pendant le siècle qui suivit : ce serait raconter une des plus brillantes périodes de l'existence des jésuites en France, et nous devons nous occuper spécialement de l'histoire du lycée installé dans l'ancien local de la célèbre corporation.

Rappelons toutefois qu'alors comme aujourd'hui ce séjour était déjà l'asile du recueillement et des exercices intellectuels. Pendant que les enfants de la noblesse et de la bourgeoisie se pressaient aux cours du col-

---

1. Cette chaire, en fer doré, et travaillée avec une extrême délicatesse, disparut pendant la Révolution. La chaire actuelle date de 1806, et elle a été restaurée et embellie en 1836.

lége de Clermont, la maison de la rue Saint-Antoine préparait les professeurs destinés à soutenir l'honneur de leurs études, et les illustrations de l'ordre vivaient dans cette studieuse retraite, ou venaient y mourir. C'est là notamment que se retira dans sa vieillesse Huet, le savant évêque d'Avranches, après avoir fait don à la maison de sa précieuse bibliothèque; il y mourut à 91 ans. C'est là que vivaient, dans le culte des belles-lettres, de la Rue, Vanière, Jouvenci, etc. Un professeur encore vivant aujourd'hui a occupé, pendant plus de trente ans, la cellule du père Bourdaloue.

Les vastes caveaux qui règnent sous l'église ont reçu, non-seulement le cœur de Louis XIII et plus tard celui de Louis XIV, mais aussi les corps d'une foule de jésuites célèbres, tels que Bernardin de Montreuil, Guillaume Ségaut, Gonnelieu, Tournemine, Hardouin, Pétau, Lallemant, de la Chaise, Brumoy, Gouye, Caussin, Berruyer, Daniel, Viger, l'auteur du recueil des *Idiotismes grecs*, etc.

On en compte encore plus de cent soixante-dix, sans parler des personnages étrangers à l'ordre, et inhumés aussi dans ces caveaux, comme la duchesse d'Elbeuf, fille légitimée d'Henri IV et de Gabrielle d'Estrées, le duc de la Meilleraye, les princes Louis et Henri de la Tour d'Auvergne, le cardinal Duperron et son neveu, l'évêque d'Evreux, dont le cœur fut déposé dans un caveau spécial, etc.

. L'église elle-même renfermait plusieurs tombeaux remarquables qui n'existent plus : celui de Henri de Condé, décoré par Sarazin; celui de René de Birague, exécuté par Germain Pilon; le monument que Louis-Henri, duc de Bourbon, fit élever, par Vanclèves, à ses ancêtres, etc.

En 1764, lors de l'expulsion des jésuites, la maison resta inoccupée; mais elle ne le fut pas longtemps.

L'ordre des chanoines de la Couture Sainte-Catherine, fondé en 1201, dans une vallée déserte de la Champagne, établi à Paris, rue Saint-Antoine, en 1228, par les dons et sous le patronage de saint Louis, et réuni en 1636 à l'ordre de Sainte-Geneviève du Mont, par le cardinal de la Rochefoucault, occupait, presque en face des Grands-Jésuites, des bâtiments qui menaçaient ruine.

Le roi les fit exproprier pour établir, sur l'emplacement qu'ils habitaient, le marché Sainte-Catherine, et on les installa, le 23 mai 1767, dans le couvent abandonné par les jésuites.

La Révolution fit disparaître les Génovéfains comme les autres ordres religieux ; mais, par un sort exceptionnel, même au milieu de l'orage, la maison resta l'asile des lettres.

Ce fut là que la ville de Paris transféra les bibliothèques des couvents supprimés. Une tradition, exagérée sans doute, évalue à environ 1 200 000 le chiffre des volumes qui auraient été ainsi réunis, et dont un grand nombre auraient été vendus, pendant les troubles, presque au poids du papier. Nous n'avons pu vérifier cette assertion ; mais il est certain que le dépôt comprenait près de

300 000 volumes, en 1802, lorsqu'on se décida à en transporter une partie aux Cordeliers, pour rendre l'église au culte, comme on avait déjà rendu le reste des bâtiments à l'enseignement. Une autre partie fut rendue à l'ancienne bibliothèque de Monsieur, à la bibliothèque de l'Arsenal.

Il est de toute justice de rappeler à ce propos qu'un ancien bedeau de l'église Saint-Paul contribua plus que personne, par son courage et par son adresse, à la conservation de ce riche dépôt, si gravement menacé pendant la Révolution. La bibliothèque de l'Arsenal avait recueilli avec reconnaissance le brave Rigollet, que les habitués ont pu voir y exercer, jusqu'en 1830, les fonctions d'humble employé. Il était l'objet d'une sorte de vénération de la part des administrateurs, MM. Charles Nodier, Caïx, Soullier, etc.

La magnifique bibliothèque des jésuites devint alors une salle de dessin, et plus tard servit, soit pour les compositions du Concours général, soit pour les distributions de prix du lycée. En 1848, au mois de février, un club très-avancé s'y installa et y siégea jusqu'aux journées de juin.

Pour en finir avec les détails qui concernent particulièrement l'église, ajoutons qu'elle fut dévastée, en 1831, en même temps que Saint-Germain l'Auxerrois. En 1842, on mura les portes qui communiquaient avec le couloir du collége, et qui servaient à l'entrée des professeurs et des élèves le jour de la messe du Saint-Esprit. Enfin, en 1851, l'autel fut restauré avec des marbres concédés par le gouvernement, et qui formaient le superflu des marbres achetés pour le tombeau de l'empereur Napoléon aux Invalides.

La réouverture des cours dans la maison professe des jésuites date du 15 février 1795, époque de la création des Écoles centrales : celle-ci prit le nom d'École centrale de la rue Saint-Antoine.

Parmi ses administrateurs, il faut citer C. Thiébauld, président du comité d'administration, Morand, Brée, chargé de la surveillance et de la comptabilité, Valmont de Bomare, qui était à la fois administrateur gérant et professeur d'histoire naturelle ; parmi les professeurs, on remarquait Mentelle, Leprévost d'Iray, chargé des cours d'histoire, Francœur, qui enseignait les mathématiques, Truffer, Saint-Ange, le traducteur d'Ovide, Lakanal, professeur des langues anciennes, qui devint, bientôt après, censeur au lycée Bonaparte, et qui, après avoir été exilé, est revenu mourir en France, âgé de plus de quatre-vingts ans, etc.

Sept ans plus tard, le décret du 1er mai 1802 créa les lycées, et donna à l'Ecole centrale de la rue Saint-Antoine le nom de lycée Charlemagne ; l'enseignement y était déjà en pleine vigueur, quand le décret du 17 mars 1808 organisa l'Université.

Autour du lycée qui, on le sait, n'admet point d'internes, s'étaient élevées en même temps d'importantes maisons, véritables colonies de cette métropole de l'étude : les plus vastes, parmi les aristocratiques demeures de ce quartier paisible, étaient envahies pas une population studieuse. « L'une s'élève près du cloître encore debout des Minimes; l'autre réunit, dans son passé, la duchesse de Montpensier, l'ardente sœur des Guise, à l'austère et grave président d'Ormesson. Ici, c'est l'hôtel Carnavalet, avec ses élégantes sculptures, avec son concours de seigneurs et de beaux esprits, cour brillante qu'efface le souvenir de Mme de Sévigné. Plus loin, l'hôtel St-Fargeau, oublie au sein des fortes études et de la discipline, les passions et les troubles des révolutions. Ailleurs enfin, c'est l'antique séjour des ducs d'Aumont, ces amis de nos rois... [1]. »

Le premier proviseur du lycée Charlemagne fut M. Guéroult l'aîné, le traducteur de Pline : on lui adjoignit pour censeur M. Valmont de Bomare, qui occupait déjà, comme nous l'avons dit plus haut, un des postes les plus importants dans l'École centrale. En 1809, la direction du lycée passa à M. Crouzet, correspondant de l'Institut, qui remplit

---

1. Collin, discours prononcé à la distribution des prix du lycée Charlemagne, le 10 août 1858.

deux ans ces fonctions et qui avait déjà fait ses preuves, comme administrateur, en dirigeant le collége de Saint-Cyr, l'une des quatre divisions du Prytanée français, organisé, en 1800, sur la proposition de Lucien Bonaparte, ministre de l'intérieur. Il eut pour successeur, en 1811, M. Daireaux, qui fut membre de la Chambre des députés, et qui fut remplacé à la chute de l'Empire.

M. Daireaux avait en effet des opinions politiques trop nettement accusées pour que la Restauration ne lui fît pas subir les honneurs de la persécution. Quand on lui avait parlé du retour des Bourbons, rendus à l'amour de leur peuple, il avait affiché un scepticisme peu flatteur pour l'antique race de nos rois, et soutenu que la jeunesse française ne connaissait plus ces revenants oubliés.

Il eut pour successeur M. Dumas, qui mourut proviseur dans le courant de l'année classique 1836-1837. M. Dumas avait exercé auparavant les fonctions de censeur au lycée Napoléon ; antérieurement, il avait remplacé de Fontanes dans la chaire de belles-lettres à l'Ecole centrale de la rue Mazarine, et enfin, dans sa jeunesse, avant la Révolution, il avait été secrétaire du garde des sceaux, M. de Barantin.

Ce fut sous son administration et vers 1820 que disparut l'un des derniers souvenirs de la maison des jésuites. La grande cour des classes était ornée de vignes magnifiques et qui donnaient tous les ans une abondante récolte, respectée scrupuleusement par les écoliers. On fit disparaître cette cause de tentations gastronomiques héroïquement vaincues, et il ne resta d'autre verdure que les deux ou trois grands arbres qu'on voit encore aujourd'hui dans le fond de la cour.

Après vingt ans d'une paternelle administration, M. Dumas fut remplacé par M. Poirson, précédemment professeur d'histoire au lycée Napoléon, et depuis deux ans proviseur du lycée St-Louis. Sous sa direction, le lycée Charlemagne prit le premier rang parmi les lycées de Paris et se distingua d'une manière particulière par ses succès soutenus au Concours général. Une quête annuelle était faite parmi les élèves et le produit ordinaire était environ de 5000 francs. M. Poirson eut l'heureuse pensée de consacrer cet argent à placer en apprentissage des enfants d'ouvriers, et à faire aux meilleurs d'entre eux une première mise à la caisse d'épargne.

En 1853, il fut mis à la retraite : cette mesure eut pour cause ses dissentiments avec l'administration nouvelle sur la réorganisation de l'enseignement, ainsi que sur la question de la liberté de conscience et de l'égalité des cultes, en ce qui concernait l'admission à l'Ecole normale supérieure.

C'est encore au temps où M. Poirson était proviseur du lycée que se rattache un souvenir qui nous paraît digne d'être conservé.

En 1840, la distribution des prix fut présidée par l'illustre Jouffroy, qui prononça, à cette occasion, un admirable discours. En feuilletant les palmarès du lycée

Charlemagne, nous avons été heureux de retrouver ces belles pages, et ne pouvant les reproduire intégralement, nous voulons au moins en détacher la péroraison, où l'orateur s'élève à une hauteur peu commune :

« Abordez la vie avec conviction, jeunes élèves, et vous n'y trouverez point de mécomptes. Dans quelque condition que le hasard vous place, vous vous y sentirez toujours dans l'ordre, associés aux desseins de la providence, y concourant librement par votre volonté, utiles à votre patrie autant qu'il vous a été donné de l'être; maîtres de vous-mêmes et de votre destinée, maîtres de votre bonheur qui ne dépend que de vous, et sur lequel la fortune et les hommes ne pourront rien. Renversez cet ordre, abandonnez-vous aux ambitions de votre nature, et vous marcherez de déception en déception, et vous vous ferez une vie malheureuse pour vous, inutile aux autres. Qu'importent aux autres et à nous, quand nous quittons ce monde, les plaisirs et les peines que nous y avons éprouvés? Tout cela n'existe qu'au moment où il est senti; la trace du vent dans les feuilles n'est pas plus fugitive. Nous n'emportons de cette vie que la perfection que nous avons donnée à notre âme; nous n'y laissons que le bien que nous avons fait.

« Pardonnez-moi, jeunes élèves, dans un jour si plein de joies pour vous, d'avoir arrêté votre pensée sur des idées si austères. C'est notre rôle à nous, à qui l'expérience a révélé la vraie vérité sur les choses de ce monde, de vous la dire. Le sommet de la vie vous en dérobe le déclin; de ses deux pentes, vous n'en connaissez qu'une, celle que vous montez; elle est belle, elle est riante, elle est parfumée comme le printemps. Il ne vous est pas donné comme à nous de contempler l'autre, avec ses aspects mélancoliques, le pâle soleil qui l'éclaire, et le rivage glacé qui la termine. Si nous avons le front triste, c'est que nous la voyons. Vivez, jeunes élèves, avec la pensée de cette autre pente que vous descendrez comme nous. Faites en sorte qu'alors vous soyez contents de vous-mêmes; faites en sorte surtout de ne pas laisser s'éteindre en votre âme cette espérance que nous y avons nourrie, cette espérance que la foi et la philosophie allument, et qui rend visible, par delà les ombres du dernier rivage, l'aurore d'une vie immortelle. »

Quatre ans plus tard, M. Rossi, qui a été assassiné sur les marches de Saint-Pierre de Rome, prononçait, dans les mêmes circonstances, une allocution non moins remarquable.

Le lycée Charlemagne a été placé, en 1853, sous la direction de M. Nouseilles, et sa prospérité n'a pas cessé de s'accroître.

Douze prix d'honneur en treize ans, le grand prix d'histoire trois fois remporté dans les quatre dernières années, vingt-cinq prix au Concours général de 1865, sont les preuves de l'excellente direction imprimée aux études.

A l'ancien et proverbial enseignement classique de Charlemagne, est venu se joindre un enseignement scientifique des plus complets, avec un cabinet de physique et un laboratoire de chimie qu'envieraient bien des Facultés.

Les collectes pour les pauvres dépassent les produits d'autrefois : la dernière, celle de 1866, s'est élevée à 5703 fr.

Enfin, pour la première fois, le lycée Charlemagne a atteint le chiffre de 1000 élèves.

Il a, comme on a pu le voir par ce qui précède, de brillants états de service.

Il a compté parmi ses professeurs, sans parler de ceux de l'époque actuelle :

MM. Létendard, Burnouf, Villemain, Millon, Chevreuil, Damiron, Franck, Achille Comte, Bétolaud, Dutrey, Guigniault, Leclerc, Regnier, Berger, Caboche, Viguier, Bouillet, Egger, Deschanel, Feugère, Daveluy, etc.

Il a vu passer sur ses bancs une foule d'hommes connus à divers titres, et parmi lesquels nous citerons au hasard :

MM. Edmond About, Arvers ;

Barbet-Massin, Barbier, Blandin, Blanqui, Boismilon, Paul Boiteau, Brainne, Brasseur, Brongniart, Buffet;

Isidore Cahen, Chassang, Cherbonneau, Henri et Léon Chevreau, Colincamp, Cousin, Eug. Crépet;

Danton, A. Debelleyme, Gustave Doré;

Fallex, Fustel de Coulanges;

Garsonnet, Gaschon de Molènes, Gastambide, Gaucher, Th. Gautier, Glachant, Glandaz, Got, Goumy, Grenier, Adolphe Guéroult, Fr. Guessard;

Léon Halévy, Hatzfeld, Paul d'Hormoys, Hugo frères;

Jauffret, Ad. Joanne, Josseau, Jurien-Lagravière;

Laffond-Ladebat, Léon Lagrange, La Rounat, Lehugeur, Lherbette, docteur Paul Lorain;

Eugène Manuel, Aug. Maquet, Gustave Merlet, Paul Meurice, Michelet;

Georges Perrot, Laurent Pichat, Alexandre Pey;

Rathery;

Saint-Agnan Choler, Sainte-Beuve, Sarcey, Sommer :

Talbot, les frères Tardieu, Thiénot, Ed. Thierry, Tissot;

Louis Ulbach;

Aug. Vacquerie;

Waïsse;

Zeller.

III

LYCÉE BONAPARTE

III

LYCÉE BONAPARTE.

Le lycée Bonaparte est d'origine récente : il ne date que du Consulat. Il fut fondé rue Sainte-Croix, n° 5, par un décret du 10 septembre 1803 (23 fructidor, an XI), dans les bâtiments du cloître des Capucins, fondateurs de l'église Saint-Louis d'Antin. Ces bâtiments, construits en 1781, sur les dessins de Brongniart, avaient été loués, depuis 1793, à de nombreux et bruyants locataires qui les avaient peu respectés, et des réparations considérables furent nécessaires pour approprier le cloître à sa destination nouvelle.

Dans l'édifice actuel, la façade, qui a 54 mètres de longueur sur 42 de hauteur, est terminée par deux pavillons en avant-corps, dont l'un sert d'entrée à l'église Saint-Louis d'Antin. La porte centrale est décorée de deux colonnes doriques supportant un entablement; elle était flanquée de fontaines publiques qui ont été supprimées récemment.

Le premier proviseur fut le traducteur de Virgile et d'Horace, le célèbre professeur de rhétorique, René Binet, qui, dès 1770, occupait la même chaire au collége du Plessis, et le seul peut-être qui ait professé cinquante ans de suite.

Le premier économe fut une des illustrations de cette époque, Lakanal, membre de l'Institut, du Tribunat, ancien membre du conseil des Cinq-Cents, et qui avait déjà fait partie de l'École centrale de la rue Saint-

Antoine; du reste, il ne conserva pas longtemps ces fonctions.

Les débuts du lycée furent très-modestes; le quartier environnant était à peine bâti, et chaque classe ne comptait qu'une division qui souvent restait bien au-dessous du chiffre maximum de trente élèves. Ainsi, en 1810, la seconde d'humanités n'avait que quinze élèves; la seconde de grammaire, douze; certaines classes n'arrivaient même pas au total de huit élèves, exigé à cette époque pour prendre part aux compositions du Concours général.

En 1814, le lycée impérial Bonaparte devient le collége royal Bourbon. Pendant les Cent jours, le proviseur Chambry, qui avait succédé à Binet en 1812, refuse le nouveau serment qu'on lui demande, et le président du conseil de l'instruction publique, Lebrun, le traducteur de l'*Iliade*, par une tolérance qui l'honore, ne prend aucune mesure de rigueur contre un fonctionnaire dont il connaissait d'ailleurs et respectait les excellents services.

Cette attitude du proviseur, et surtout le nom même de l'établissement valut au collége Bourbon une certaine notoriété sous la Restauration ; sa façade fut même lithographiée au fond d'un très-grand nombre d'assiettes pour dessert. En 1821, trente élèves de ce lycée firent des odes pour célébrer la naissance du duc de Bordeaux. La moyenne, dans chaque classe, atteignit quatre-vingts élèves, répartis en deux divisions.

De 1819 à 1824, le professeur de rhétorique titulaire fut M. Pierrot, au nom duquel se rattache le souvenir d'un incident qu'il faut mentionner.

Une année, au milieu de la distribution des prix, un orage de protestations éclate à l'occasion d'un prix que les élèves estimaient mal donné : il y eut sifflets, huées, piétinements, banquettes renversées ; le désordre était à son comble. M. Chambry, proviseur, crut devoir appeler la garde. Aussitôt M. Pierrot se leva, descendit les degrés de l'estrade et dit : « Je m'oppose formellement à ce que la police de l'Université soit faite par la force publique! »

Sa présence d'esprit apaisa le tumulte.

Mis quelque temps en disponibilité, l'auteur de cet acte d'indépendance fut presque aussitôt après nommé professeur de rhétorique à Louis-le-Grand, puis proviseur de ce lycée où il devait se distinguer pendant près de vingt ans.

La révolution de Juillet fut marquée au collége Bourbon par une anecdote assez piquante.

Le 27 juillet, on se battait dans les rues, les classes vaquaient, mais un professeur zélé, l'illustre helléniste Planche, se rend cependant à son poste. Au moment où il sortait du lycée, un groupe d'insurgés, armés de pioches, se mettaient en devoir d'élever une barricade devant la porte : leur bonne volonté était grande, mais ils étaient fort maladroits à la besogne et par conséquent fort lents. Le professeur, par hasard, lisait Polybe et le tenait ouvert précisément à un endroit où l'on traitait de l'art de fortifier les places. Prenant en pitié l'inexpérience des travailleurs, il lit et traduit, du haut des marches où il est placé, un excellent passage qui se trouve de circonstance.

Les insurgés l'écoutent :

« C'est un ingénieur, » dit l'un d'entre eux qui se rappelle l'avoir vu, au café de la Régence, aligner des bonshommes sur un damier.

On écoute, on suit ses conseils, ou plutôt ceux de Polybe, on s'en trouve à merveille, et l'on veut porter l'helléniste en triomphe. Il se dérobe à l'ovation, et rentre au lycée, tenant toujours son Polybe à la main.

Mais aussitôt la scène change : le professeur de barricades sans le savoir, avait été vu par le proviseur, M. Legrand, qui le fait arrêter par les garçons et renfermer sous clef dans sa classe. Il y resta jusqu'au 30 juillet, et en sortit alors, pendant que le proviseur était destitué.

La révolution de 1830 ne changea rien au collége Bourbon qui reçut pour proviseur le savant auteur du *Dictionnaire grec-fran-*

çais, M. Alexandre, depuis inspecteur général.

En 1834, au mois de mars, un journal, plus sérieux que ne le sont ordinairement ces compositions d'écolier, fut fondé au lycée par des élèves, et s'imprima chez Fain, par livraisons de luxe. *La Presse des écoles* était à la fois une feuille littéraire, dévouée aux théories de Victor Hugo, le poëte du temps, et une satire violente contre l'Université, le régime des pensions, l'instruction des colléges. Elle vécut six mois, malgré la surveillance et les entraves de l'administration.

Dans sa rédaction, recrutée à Bonaparte, à Charlemagne et à Louis-le-Grand, on remarquait Ferdinand Dugué, rédacteur en chef; Lefeuve, secrétaire de la rédaction; Baron, Victor Leroux, Etienne Enault, Louis Judicis, Lemaire, etc.

En 1840, le lycée comptait huit cents élèves, lorsqu'il reçut pour proviseur M. Bouillet, l'auteur du *Dictionnaire universel d'Histoire et de Géographie*, mort récemment. Bientôt, sous son administration, les bâtiments du collége furent doublés, le nombre des élèves s'éleva à douze cents et quatre prix d'honneur attestèrent le maintien de la supériorité des études.

La révolution de 1848 imposa au collége Bourbon d'abord le nom de lycée Chaptal, puis bientôt après celui de lycée Bonaparte sous lequel il avait été fondé ; mais les manifestations de la rue jetèrent pour un moment le désordre dans la discipline; quelques élèves allèrent même, drapeau en tête, rendre visite au gouvernement provisoire, à l'hôtel de ville. Le proviseur maintint énergiquement l'ordre, mais il fut remplacé, à la rentrée, par le censeur, M. Legay, qui, lui-même, deux ans après, dut céder la place à M. Gros, alors inspecteur de l'Académie de Paris.

Enfin, dans ces dernières années, le provisorat a été confié successivement à M. Forneron, ancien recteur, ancien proviseur de Louis-le-Grand, puis après la retraite de ce dernier, à M. Legrand, ancien proviseur du lycée Saint-Louis, qui n'a rien de commun avec son homonyme, successeur de M. Chambry.

La prospérité du lycée Bonaparte qui semblait, sous l'administration de M. Bouillet, être arrivée à son apogée, n'a point cessé cependant de s'accroître tous les jours. Sa population, un instant diminuée après les événements de juin 1848, atteint presque aujourd'hui le chiffre de treize cents élèves ; les nouvelles constructions devenues à leur tour insuffisantes, ont été accrues d'un bâtiment considérable formant façade sur la rue du Havre, et le corps principal a été surexhaussé de deux étages. On prévoit déjà cependant le moment où l'église de Saint-Louis d'Antin, devenue inutile depuis l'édification des deux nouvelles églises de la Trinité et de Saint-Augustin, devra disparaître pour faire place à de nouvelles classes.

Un autre phénomène remarquable et que nous ne saurions passer sous silence, c'est que, depuis une douzaine d'années, l'esprit du lycée Bonaparte s'est métamorphosé comme ses bâtiments. A tort ou à raison, le lycée Bonaparte, situé au milieu du quartier de Paris le plus riche et le plus brillant, à deux pas de l'Opéra et non loin de la Bourse, avait depuis son origine la réputation d'être un collége *d'amateurs*. Soit que la population des quartiers de l'ouest de Paris, se modifiant en même temps qu'elle augmentait, ait apporté de nouveaux éléments à celle du lycée, soit plutôt que la préférence marquée des familles pour le régime de l'externat conserve à cette maison un plus grand nombre d'élèves studieux qu'on envoyait jadis dans les lycées d'internes, la moyenne des classes du lycée Bonaparte offre aujourd'hui fort peu de différence avec celle des lycées du quartier latin. Le nombre et l'importance des palmes que le lycée Bonaparte remporte chaque année au Concours général est la preuve manifeste de ce changement remarquable.

Le lycée Bonaparte compte de nombreuses illustrations parmi ses professeurs et ses élèves.

Nous citerons rapidement les principaux noms.

Parmi les professeurs ou administrateurs :

MM. Binet, Chambry, Deguerle, Planche, le journaliste de Genoude, les philosophes Cardaillac, Jouffroy, Damiron, le mathématicien Poinsot, les historiens Ragon et Filon, le savant Raoul Rochette, Pierrot, Cadet-Gassicourt, Aubernon, Marey-Monge, le physicien Pouillet, Alexandre, Daveluy, A. Lemaire, Courtaud-Diverneresse, A. Nisard, Deschanel, Vacquant, Bénard, Marié-Davy, Ch. Weiss, Spiers et Fleming, auteurs de savants *Dictionnaires*, Briot, Bouquet, la Provostaye et Desains, Doyère, C. Rousset, sans parler de ceux qui sont actuellement en exercice.

Parmi les élèves :

Adolphe Adam, Allou, Ampère, d'Argout,

Arrighi de Padoue, Asselineau, Francis Aubert, Audiganne;

De Banville, de Beauplan, Becquerel, Béhic, Bellaguet, Bellangé, Benoit-Champy, Berryer, Bertin de Vaux, Bescherelle frères, de Besselièvre, comte Beugnot, Bignan, de Bourqueney, Boutan, Brindeau, de Broglie, Alph. Brot;

Cadet-Gassicourt, Calemard de Lafayette, Capendu, Castil-Blaze, Chaix d'Est-Ange, Charlet, Charma, de Chasseloup-Laubat, Colson, de Corcelles, Cornudet, Créton, de Curzon;

De Dalmas, Delacoulonche, B. Delessert, Delpech, Doche, Dottain, Dreyss, William Duckett, Duclerc, Ferdinand Dugué, Dumanoir, Alexandre Dumas fils, Dutrey;

Victor Escousse;

De Falloux, Eugène et Stéphane Flachat, le général Fleury;

Ad. Garnier, Julien Girard, Edmond et Jules de Goncourt, Gudin, Léon Guépin, Guillaume et François Guizot;

Hamon, Hauréau, Haussmann, de Heeckeren, Hittorff, prince de Hohenzollern-Héchingen, Hortus;

Amédée Jacques, Jules Janin, Louis Judicis;

Alphonse Karr;

Labédollière, Labiche, Ch. Lafitte, Aylic et Ferdinand Langlé, Eugène Lataye, Lefèvre-Portalis, E. Legouvé, Edouard Lemoine, Lepic, baron Lespérut, général Létang, de Leuven, duc de Lévis, Lhéritier, Lherminier, Lubize;

Le maréchal Magnan, Maison, Mallet, Marguerin, les généraux Marey-Monge et Mauduit, Mimerel, Henri Monnier, Morel-Fatio, Morisset, de Morny, Mortimer-Ternaux;

Nadar, Nélaton, Edgar Ney;

Pacini, l'amiral Parseval-Deschènes, Casimir Périer, Gustave Planche, Ponchard, Potier, Poyard, de Pressensé, Prévost-Paradol;

Le P. de Ravignan, Rinn, général Roguet, G. et O. de Rothschild, James Rousseau, Ruggieri;

Sadous, H. de Saint-Albin, Sainte-Beuve, général de Salles, Schœlcher, Sudre, Eugène Sue ;

Taillade, Taine, Edmond Texier, Emile Thomas, Tilmant ;

Jules Vallès, Vitet ;

Welles de Lavalette

Charles Yriarte.

IV

LYCÉE NAPOLÉON

IV

LYCÉE NAPOLÉON

L'emplacement sur lequel s'élève le lycée Napoléon, a été un centre important même à une époque très-reculée. Lorsqu'on établit les fondations du Panthéon, on trouva des puits et des âtres de fours destinés à la cuisson des poteries : il est donc certain qu'une manufacture de poteries romaines existait en cet endroit. Plus tard, la découverte d'un monument de marbre attesta la présence d'un autel de Diane sur le plateau du mont Locoticius. Le fait fit une certaine sensation, et on le trouve constaté dans le discours académique prononcé, en 1620, par le P. Bertius, à la rentrée des classes du collége de Boncour.

Au sixième siècle, le plateau fut occupé par l'abbaye de Sainte-Geneviève fondée, ainsi que l'église voisine, par le roi Clovis et sa femme Clotilde.

Cette abbaye fut successivement habitée par des moines, puis par des chanoines séculiers, et enfin, à partir du douzième siècle, par des chanoines réguliers de Saint-Augustin, sortis de l'abbaye de Saint-Victor.

Les bâtiments conventuels, reconstruits en partie pendant le quatorzième et le quinzième siècle, subsistent encore presque entièrement aujourd'hui ; le cloître date de 1746 ; l'église et quelques bâtiments accessoires ont seuls été démolis pendant et depuis la Révolution. Les dortoirs, les galeries de l'ancienne bibliothèque Sainte-Geneviève, l'oratoire, la façade sur la rue, ont été élevés sur les dessins d'un religieux de l'abbaye, Claude de Creil, habile architecte, mort en 1708.

Le rez-de-chaussée était occupé par des salles spacieuses, destinées à recevoir les Chambres du parlement, la Chambre des comptes, la Cour des aides, le Châtelet et le corps de ville, lorsqu'ils venaient chercher la châsse pour accompagner la procession annuelle.

C'était là que se trouvait la vaste *Salle des papes*, ainsi nommée, parce qu'on y avait réuni une collection de portraits des papes et des rois de France.

On y arrivait par l'ancien cloître, construction d'une architecture gothique mauresque, à la fois hardie et légère, ornée de pendentifs travaillés avec une délicatesse admirable et dont la fondation était attribuée au roi Robert. A la même place s'éleva, vers le temps du cardinal de Larochefoucault, le cloître aux piliers lourds et massifs qui subsiste encore et qui règne autour de la cour d'honneur du lycée.

Au bout de cette voûte, dans l'aile occidentale, se trouve la chapelle du lycée, l'ancien réfectoire des Génovéfains. Ce réfectoire est éclairé par des ogives ornées de colonnettes, et s'étend sur une longueur de six travées, couvertes d'une voûte en pierre à nervures croisées. A l'entrée, on voyait du temps de Guillaume Leduc, abbé en 1524, une fontaine avec un bassin de pierre et une image de sainte Geneviève. Le réfectoire, s'il faut en croire Millin, dans ses *Antiquités nationales*, contenait deux tableaux de Clermont : l'un de ces tableaux, représentant la *Sainte-Cène*, est resté en la possession du lycée.

Il n'y a peut-être pas d'endroits à Paris où le sol, profondément travaillé, puisse, en s'ouvrant devant l'artiste, présenter à ses observations une superposition d'intérieurs aussi intéressants.

C'est d'abord ce réfectoire devenu chapelle, dont la belle voûte en arc surbaissé est déjà vieille de sept siècles. Au-dessous, les cuisines, construites dans le même système architectural au niveau du sol, s'étendent sur des caves immenses, qui se trouvent elles-mêmes au-dessus des galeries des catacombes.

L'abbaye était entourée de murs crénelés construits par Philippe Auguste, et qui furent rendus à la maison, en 1690, avec les fossés de l'Estrapade. Cette restitution augmenta le jardin d'une longue terrasse, sur laquelle on a établi, il y a quelques années, un petit collége destiné aux plus jeunes élèves.

Les dortoirs ont remplacé en grande partie la célèbre Bibliothèque des Génovéfains qui occupait, à l'étage supérieur des bâtiments, quatre galeries principales disposées en forme de croix, parfaitement aménagées et surmontées à leur point de rencontre par une coupole que Jean Restout avait décorée, en 1730, d'une belle peinture : *l'Apothéose de saint Augustin*. La plus grande de ces galeries mesurait environ cent mètres de longueur.

Leur ensemble formait la plus belle salle

de lecture qui existât en Europe. On y trouvait, outre les livres, un cabinet d'histoire naturelle et un cabinet d'antiques. D'après le rapport fait par les commissaires nationaux en 1790, on y comptait 60 423 volumes imprimés et 2013 manuscrits.

Le même rapport donne un sommaire des objets précieux que l'on y conservait : « le coquillier, renfermant des coquilles univalves ; les six armoires de minéralogie renfermant une suite de madrépores, coraux, coquilles multivalves, fossiles, etc. ; une collection des portraits des rois de France, depuis Louis IX jusqu'à Louis XIV ; les cornes des différents animaux ; un crocodile, des serpents, une tortue, des armes de sauvage ; le médaillier du duc d'Orléans, légué en 1751 ; les médailliers dits de Noailles, des antiquités ecclésiastiques, des bustes et bas-reliefs antiques ; les vases étrusques, les momies d'Egypte ; les antiquités égyptiennes ; les divinités grecques, romaines et les malabares ; les antiquités relatives aux sacrifices, les antiquités relatives aux funérailles et antiquités françaises; les urnes et amphores antiques; les coins des padouans, etc. »

Tout cela fut transporté au cabinet de la Bibliothèque nationale. Quant aux livres, maintenus dans les bâtiments du cloître jusqu'en 1843, ils furent déposés à cette époque dans le local de l'ancien collége Montaigu et placés définitivement en 1850 dans la nouvelle Bibliothèque de Sainte-Geneviève que M. Labrouste venait de construire sur la place du Panthéon.

Il nous reste, pour terminer la description des bâtiments, à parler de la vieille et belle tour qui les domine. C'est le dernier débris de l'antique église où, pendant treize siècles, reposèrent en paix les cendres de Clovis, de sainte Clotilde et de sainte Geneviève, et qui fut rasée en 1806 pour faire place à la rue Clovis.

La tradition l'appelle la tour de Clotilde, mais elle ne date pas de si loin, et elle a dû remplacer précisément cette tour de l'église primitive qui avait eu sans doute à souffrir plusieurs fois des dévastations des Normands.

On sait qu'elle a été construite vers la fin du dixième siècle, entre les années 970 et 980, par Thibaut, un de ces chanoines séculiers qui précédèrent dans l'abbaye les religieux de l'ordre de Saint-Victor. En 1483, le tonnerre tomba sur la tour et y mit le feu; l'incendie fit fondre les cloches et la couverture de plomb, et pendant plusieurs heures, une mer de feu et de métal en fusion enveloppa l'antique édifice.

Il resta debout, mais la flèche, les balustrades, l'escalier à partir du deuxième étage subirent des dégâts considérables : le pape permit aux religieux de demander des ressources à la vente des indulgences et les sommes qu'ils se procurèrent ainsi leur permirent de réparer complétement le désastre.

Aujourd'hui la partie du quinzième siècle a seule souffert : celle du dixième est demeurée intacte, à l'exception de la fenêtre du premier étage qui a été restaurée. Dans le siècle dernier, la flèche a disparu et l'on a coupé les clochetons des angles. On a retiré aussi, parce qu'on craignait qu'il ne tombât sur les passants, un des élégants balcons de l'escalier reconstruit sous Charles VIII et qui se voit de la rue Clovis.

Dans l'intérieur, au premier étage, est la vieille horloge des Génovéfains donnée, en 1718, à l'abbaye par le duc d'Orléans. Galande, son auteur, savait mal l'orthographe, car il écrit *orloge* sans *h*, mais il était habile ouvrier, car l'instrument fabriqué par lui sert encore aujourd'hui, et règle l'emploi des heures du lycée comme il a réglé la vie des religieux.

Vers 1832, la tour fut, pendant deux ans environ, mise à la disposition de MM. Dulong, Arago et Ampère, pour des expériences auxquelles se prêtait la construction de ce monument, et notamment pour des expériences sur les diverses pressions des vapeurs d'eau.

Lorsque la Révolution éclata, l'abbaye de Sainte-Geneviève était dans une situation des plus prospères. Ses revenus, d'après la déclaration faite le 3 mars 1790, par le procureur et le procureur des censives, au nom du dernier abbé, Claude Roussellet, supérieur général des chanoines réguliers de la congrégation de France, montaient à la somme de 170 157 livres, 2 sous, 8 deniers, et ses charges à la somme de 53 337 livres, 5 sous, 9 deniers. L'abbaye fut fermée, comme toutes les autres maisons religieuses, mais on la rouvrit en 1795, lors de la création des Ecoles centrales. Celle du Panthéon fut installée dans la *ci-devant maison de Geneviève*, comme on disait, alors.

Elle compta, parmi ses premiers professeurs : Cuvier, puis Duméril pour l'histoire naturelle, Deparcieux pour la physique, Millin pour l'histoire, Binet pour la littérature, et plusieurs autres maîtres distingués.

On sait d'ailleurs ce qu'était l'enseignement à cette époque : il se ressentait des agitations de la rue, et les études cédaient parfois la place aux fêtes patriotiques. M. Quicherat donne à ce sujet d'intéressants détails :

« Le 30 nivôse (19 janvier 1799), jour

consacré à la commémoration de la souveraineté du peuple, toute la jeunesse qui fréquentait les cours de l'Ecole centrale du Panthéon fut réunie, conjointement avec celle du Prytanée, dans le cloître de l'ancienne abbaye de Sainte-Geneviève. La municipalité était présente, et le Directoire représenté par un commissaire.

« Le professeur Mahérault prononça un discours, qui fut suivi de la plantation d'un arbre de la liberté. Ensuite, il y eut des rondes autour de l'arbre, et les élèves du Prytanée, qui apprenaient la musique depuis un an, chantèrent de façon à mériter les applaudissements de l'assistance, un hymne dont Grétry avait composé la musique.

« Le 10 germinal suivant (30 mars 1799), il y eut une autre fête, celle de la Jeunesse. Elle fut présidée pareillement par les autorités municipales. Tous les professeurs, instituteurs et institutrices de l'arrondissement y avaient été invités. Les jeunes gens et les jeunes filles de chaque établissement, désignés comme les plus accomplis par leur caractère et par leur conduite, reçurent des prix de vertu, consistant en une couronne nouée avec des rubans tricolores.

« On procéda ensuite à l'armement des garçons qui avaient atteint l'âge de seize ans, en conférant à chacun d'eux le sabre, symbole de leur incorporation à la garde nationale; enfin on délivra des cartes civiques à tous ceux qui entraient dans leur vingtième année.

« Ces diverses distributions furent intercalées dans une cantate composée sur le modèle du *Carmen sæculare* d'Horace. Le poëte Parny en avait fourni les paroles. Elle commence par cette strophe qui se chantait à deux voix :

De l'hiver le courroux expire;
L'Aquilon fuit devant Zéphire :
Naissez beaux jours, voici le riant germinal.
Il calme les airs qu'il épure,
Et du réveil de la nature
Son souffle caressant a donné le signal.

Le chœur répondait à plusieurs reprises :

Salut, immortelle patrie,
Pour toi nous réservons la douceur de nos chants.

> Salut, mère auguste et chérie,
> Fixe un regard d'amour sur tes nouveaux enfants.

Les fêtes de ce genre approchaient de leur fin. Elles formèrent, sous le Directoire, une partie de ce qu'on pourrait appeler le culte officiel de l'époque, culte qui était complété les jours de décadi, par la lecture publique des lois. Conformément aux prescriptions de l'autorité, les élèves étaient conduits régulièrement dans le temple décadaire du quartier pour entendre cette lecture [1]. »

Quoi qu'il en soit, les études étaient sérieuses et on en vit bientôt la preuve.

Le Concours général, interrompu depuis 1793, ayant été rétabli en 1801, pour les trois Ecoles centrales, l'Ecole du Panthéon, obtint le prix d'honneur, avec MM. Ernest en 1801, Landré de Longchamps en 1802, Naudet en 1803 et en 1804. A cette époque, elle devint le lycée Napoléon, et reçut pour proviseur M. de Wailly. Le censeur fut M. Du-

---

1. *Histoire de Sainte-Barbe*, t. III, p. 35-37.

mas, qui devait bientôt être appelé au provisorat de Charlemagne, et le secrétaire de l'administration de l'Ecole centrale, M. Clérisseau, resta dans le nouvel établissement avec le titre de procureur gérant.

A cette période se rapporte une plaisanterie d'écolier, qui ne fut pas sans influence sur la vie de son auteur, futur ministre de l'instruction publique.

La protection de Fontanes, tout-puissant alors, avait fait entrer au lycée, comme boursier, le jeune de Salvandy, qui était sans fortune. C'était à l'époque où les grandes guerres de l'Empire passionnaient tous les esprits, et l'on avait l'habitude, pour satisfaire la curiosité patriotique des élèves, de lire au réfectoire les bulletins officiels de nos victoires et conquêtes. Malheureusement, on était à l'année 1813, et les bulletins n'étaient pas toujours favorables ou même n'arrivaient pas du tout. Un jour le bulletin manquait, et le rhétoricien Salvandy devait faire la lecture. Il ne se déconcerta pas pour si peu : montant bravement dans la chaire du réfectoire, il récita avec aplomb un bulletin apocryphe, inventé par lui-même et contenant tous les détails d'une victoire imaginaire.

On juge de l'effet : la joie fut grande dans l'auditoire, mais la déception ne se fit pas attendre. Naturellement le proviseur trouva la plaisanterie de mauvais goût, et il crut devoir réprimer ces écarts d'imagination en envoyant l'élève aux arrêts. Mais celui-ci s'échappa, courut à l'hôtel de ville où l'on enrôlait des volontaires et s'engagea dans le premier régiment des gardes d'honneur, où il fut incorporé avec le grade de brigadier.

Sous la Restauration, le lycée Napoléon devint le collége royal Henri IV. En 1821, il passa sous la direction de M. Auvray, remplacé dix ans plus tard par M. Gaillard, lequel eut pour successeur M. Liez, proviseur de 1834 à 1838.

A cette dernière date, le lycée fut confié à M. Alfred de Wailly.

La révolution de 1848 n'apporta qu'un

changement insignifiant et éphémère dans l'existence de l'établissement. Il reçut le nom de lycée Corneille, mais il ne le conserva guère qu'une année et reprit sa dénomination primitive de lycée Napoléon.

Après M. de Wailly, c'est-à-dire depuis 1854, le lycée a été dirigé successivement par MM. Jullien, recteur honoraire (1854-1856); Sauveroche (1856-1858); Caresme (1858-1862), et enfin par M. Baric, proviseur actuel. On verra plus tard, par la liste des lauréats des prix d'honneur aux Concours généraux que le lycée Napoléon n'a pas cessé, pendant toute cette période, de se montrer à la hauteur de son ancienne réputation.

Du reste, les noms célèbres qui se rattachent à son histoire sont déjà nombreux : à ceux que nous avons cités dans le cours de ce travail, il faut ajouter, comme ayant pris part à l'administration ou à l'enseignement :

Mgr Darboy et le P. Lacordaire, anciens aumôniers du lycée, MM. Duruy, Egger, Caboche, Daveluy, Guéroult, Létendart, Naudet, Leclerc, Patin, Poirson, Dutrey, Léon Feugère, Desmichels, Villemeureux, etc.

Parmi les élèves connus aujourd'hui à divers titres, nous nommerons :

Les ducs de Nemours, de Montpensier, de Chartres, d'Aumale et le prince de Joinville;

MM. Alfred et Gustave de Wailly, Germain et Casimir Delavigne, Paul et Alfred de Musset, Adolphe, Ferdinand et Odilon Barrot, les trois frères Mesnard, les trois frères Dareste, les trois frères Blain des Cormiers;

Naudet, Leclerc, de Jussieu, Elie de Beaumont, Feugère, Saint-Marc Girardin, Hallays-Dabot, Lenient, Lissajoux, Patin, de Parnajon, Pessonneaux, H. Lemaire, Et. Catalan;

Eugène Scribe, Emile Augier, Jules Barbier, Foussier, Léon Laya, Mazères, Provost, Vatout, Durantin, Frédéric de Courcy;

Paul Andral, Anquez, de Barral, Ducellier, de Montalivet, Dubois d'Angers, Trognon, Worms de Romilly;

Cucheval-Clarigny, de Gaujal, de Forcade la Roquette, Jubinal, Haussmann, de Maupas, Larabit;

De Cambacérès, Laugier, de Rémusat, de Salvandy, Defauconpret, de Riancey, Lannes de Montebello;

F. de Lesseps, Hervé, Labbé, Sainte-Beuve, Delapalme, Etienne Béquet, Gratry, Wolowski, Dauban;

Puvis de Chavannes, Viollet-le-Duc, Sauvageot, Olinde Rodrigues, d'Eichthal, Jules Bastide, Clamageran.

V

LYCÉE SAINT-LOUIS

V

LYCÉE SAINT-LOUIS

Le lycée Saint-Louis, malgré sa façade neuve et son air de jeunesse, est l'héritier du collége d'Harcourt, le doyen des colléges de Paris, celui qui, dans là primitive Université, brillait du plus vif éclat. Sa fondation est due aux deux frères d'Harcourt, tous deux conseillers de Philippe le Bel, tous deux fils de Jean d'Harcourt, le compagnon d'armes et l'ami de saint Louis.

Le premier, Raoul, docteur en décret, fut successivement archidiacre de l'église de Coutances, chancelier de l'église de Bayeux, chantre de l'église d'Evreux, grand archidiacre de l'église métropolitaine de Rouen, enfin chanoine du chapitre de Notre-Dame de Paris.

En 1280, il fonda le collége en faveur des étudiants des quatre diocèses auxquels il avait appartenu, et quoique devenu l'un des conseillers de Philippe le Bel, il ne cessa pendant le reste de sa vie, c'est-à-dire pendant vingt-sept ans, de donner tous ses soins à son œuvre.

A sa mort, en 1307, il délégua le soin de le remplacer à son frère Robert, évêque de Coutances, qui se montra digne d'un si glorieux héritage.

Robert agrandit le collége, en achetant un hôtel voisin, appelé la maison d'Avranches, et il y installa les étudiants en théologie, pour les séparer des autres.

Cette organisation fut terminée en 1311; alors Robert rédigea, en 86 articles, les statuts, qui furent confirmés et approuvés l'année suivante par Guillaume **Baufet**, évêque de Paris.

La chapelle, déclarée indépendante de la paroisse par un bref de Clément V (juin 1313), fut placée dès l'origine sous l'invocation de saint Louis.

Quant au collége, il fut établi rue de la Harpe, n° 94, et destiné à recevoir quarante boursiers normands, dont douze théologiens et vingt-huit artiens.

Les bourses des théologiens, appelées aussi *grandes bourses*, étaient destinées aux écoliers qui avaient terminé leurs études classiques et étaient reçus maîtres ès arts; ils les conservaient jusqu'à ce qu'ils eussent pris le bonnet de docteur en théologie, toutefois le temps qui leur était accordé pour mériter ce grade ne pouvait dépasser cinq ans.

Plus tard, les grandes bourses ne furent plus données que pour trois ans, et les titulaires eurent le choix d'étudier la théologie, le droit ou la médecine.

Les *petites bourses* étaient celles qui étaient affectées aux artiens, aux grammairiens et aux philosophes.

Destinées à conduire les élèves depuis les classes de grammaire jusqu'à la fin de la philosophie, elles devaient, dans l'origine, être de trois ans au plus, mais souvent le titulaire obtenait ensuite une grande bourse pour compléter ses études.

Ce ne fut pas toutefois dès l'origine qu'un enseignement régulier eut lieu dans Harcourt : comme les autres colléges de Paris, le collége, à cette époque, ne possédait point de professeurs.

Les élèves allaient chercher la science au dehors, les philosophes et les théologiens dans les écoles de la rue du Fouarre, les grammairiens et les humanistes dans les écoles particulières du voisinage. Ce ne fut que vers le milieu du quinzième siècle que Harcourt devint un collége de plein exercice, où l'on enseignait la grammaire, les belles-lettres et la philosophie.

Il se développa rapidement : bientôt plusieurs petits colléges voisins y envoyèrent leurs boursiers à l'heure des classes. En 1486, douze petites bourses y furent fondées par un évêque d'Avranches, Boucart, qui voulait faire, pour les étudiants de son diocèse, ce que les frères d'Harcourt avaient fait pour les étudiants des quatre diocèses voisins.

Toutefois ceux-ci n'accueillirent pas bien d'abord les nouveaux venus; mais le Parlement et l'Université s'en mêlèrent, et tout rentra dans l'ordre.

Le collége passa ensuite par des fortunes diverses, dues à l'agitation de l'époque. Il n'échappa pas à l'influence des troubles de la Ligue; mais il se releva sous Georges Turgot; sous Pierre Padet, qui accrut la bibliothèque et lui légua des rentes; sous Thomas Fortin, l'ami de Port-Royal et le confident de Pascal pour la publication de ses *Provinciales*.

Sous la direction de ce dernier et après lui, le collége s'agrandit par l'acquisition de propriétés voisines, et fut reconstruit presque entièrement : tous ces travaux ne furent guère achevés qu'en 1675.

Pendant cette période et celle qui suivit, Harcourt compta parmi ses élèves de nombreuses illustrations à divers titres : c'est de là que sortirent Saint-Evremond, le célèbre moraliste; Nicole, le grand prosateur de Port-Royal; les deux Boileau, Jacques et Nicolas; Racine, André Dacier, le traducteur d'Horace et des *Vies* de Plutarque; l'abbé Prévost, l'auteur de *Manon Lescaut ;* le cardinal Fleury, ministre de Louis XV; le cardinal de Polignac, qui remplaça Bossuet à l'Académie française; le maréchal d'Harcourt, duc et pair sous Louis XIV; Diderot, Lamettrie, le cardinal de Loménie de Brienne, la Harpe, Dupuis, qui fut membre de l'Institut et président du Corps législatif sous le Consulat ; Macdonald, maréchal et duc de Tarente; Picard le vaudevilliste; l'helléniste d'Ansse de Villoison; de Choiseul-Gouffier, l'auteur du *Voyage pittoresque en Grèce;* le prince de Bénévent; Gueroult, l'éminent traducteur qui fut le premier directeur de l'Ecole normale; Eugène de Beauharnais, Auvray, le futur proviseur du lycée Napoléon ; Boissonade, Burnouf, qui eut le grand prix d'honneur au Concours général de 1792, etc.

Mentionnons aussi parmi les maîtres qui formaient de tels élèves : Gardin-Dumesnil, l'auteur des *Synonymes latins;* Nicolas Louvel, Pierre Duval, Guéroult, passé des bancs de l'école dans la chaire de professeur; Daireaux, qui devint plus tard proviseur à Charlemagne, etc.

La Révolution vint fermer Harcourt, comme tous les autres colléges ou écoles publiques de Paris. A cette époque, les bourses, d'après les fondations, auraient dû être au nombre de soixante-quinze, mais, par mille causes diverses, elles se trouvaient réduites à cinquante-deux, dont quatorze grandes et trente-huit petites.

Pendant quelque temps, les bâtiments furent convertis en prison. On y établit ensuite, sous la direction de Lanjuinais, une académie de législation qui n'eut et ne pouvait avoir qu'une existence éphémère. C'était en effet une sorte d'école de droit qui, naturellement, cessa d'exister à la réouverture de la Faculté, et qui fut momentanément remplacée par diverses industries : une imprimerie, un pensionnat, etc.

Harcourt ne pouvait être oublié dans la reconstitution de l'Université impériale : ses bâtiments avaient été démolis, mais le 21 mars 1812, Napoléon décréta qu'ils seraient reconstruits pour une population de quatre cents élèves internes. Toutefois le nouveau collége ne comprenait pas seulement l'ancienne maison d'Harcourt; il s'étendait aussi sur l'emplacement de plusieurs autres anciens colléges.

Il nous suffit de citer seulement le plus connu de ceux qui disparurent ainsi : le collége de Justice, rue de la Harpe, n° 84, fondé en 1354, par un chanoine de Paris qui lui donna son nom et annexé à Harcourt, en 1632, par le proviseur Thomas Fortin : c'était là que s'était tenue la halle au parchemin depuis 1586, époque où les religieux Mathurins, plaidant devant le parlement contre l'Université, refusèrent de conserver plus longtemps cette halle dans leur couvent.

Les préoccupations politiques retardèrent l'exécution immédiate du décret de Napoléon 1er, et les travaux de reconstruction ne furent commencés qu'en 1814. Ils durèrent six ans, et l'établissement moderne, le lycée impérial Saint-Louis, fut ouvert au public le 1er octobre 1820, avec l'abbé Thibault pour proviseur.

L'année suivante, le duc d'Angoulême accorda au lycée cinq prix spéciaux pour les meilleurs vers célébrant la naissance du duc de Bordeaux. Au début, et jusqu'à sa complète installation, le lycée ne reçut que des externes : l'internat date seulement de 1823.

Nous ne ferons point l'histoire détaillée de Saint-Louis pendant ces dernières années.

Bornons-nous seulement à rappeler qu'en 1834 les mots : *Ancien collége d'Harcourt*, rétablis sur la façade, vinrent réparer une ingratitude, et remettre en lumière le nom des fondateurs, trop complétement oublié depuis que Louis XVIII avait donné le sien au collége.

En 1848, une nouvelle dénomination fut adoptée, mais elle ne dura que quelques mois, et l'on ne songe plus guère aujourd'hui au *lycée Monge*.

Depuis l'abbé Thibault jusqu'à nos jours, le lycée a eu pour proviseurs MM. Liez (1830), Poirson (1834), Lorain (1837), Poulain de Bossay (1845), Legrand (1852), Boutan (1865).

Outre les noms déjà cités, nous devons rappeler, parmi ceux qui l'ont dirigé ou qui y ont enseigné, l'abbé Sibour, aumônier, plus tard archevêque de Paris, l'abbé Ganser, Lefebvre de Fourcy, Ansart, Babinet, Alexandre, Perreau, Bellaguet, Demogeot, Langlois, Gail fils, Leroy, Delisle, Vincent, Jarry de Marcy, Vandel-Heyl, Charpentier, Loudierre, etc.

Mentionnons aussi, parmi les élèves qui se sont fait un nom : tous les membres de la famille d'Harcourt, qui tiennent à honneur de s'instruire dans la maison fondée par leurs ancêtres ; Ahmed-Vefyk-Effendi, ancien ambassadeur de Turquie à Paris, Dr Bouchut, le baron Corvisard, médecin de l'Empereur; Jules Delalain; Camille Doucet, Dupeuty; Egger et Faye, membres de l'Institut, Gounod, compositeur; Ernest Havet, Lefebure de Fourcy, Busson-Billault, député au Corps législatif; Nettement, de Pontmartin, Gratry, Boissonade, Jacquinet, Despois, Auguste Lemoine, Dr Paul Lorain, Sapey, avocat général, mort récemment, à un âge peu avancé, etc.

Dans ces derniers temps, par suite de l'ouverture du boulevard Saint-Michel, le lycée Saint-Louis a été l'objet de nouveaux travaux, et toute son ancienne façade sur la rue de la Harpe a été reconstruite. Ces améliorations et ces embellissements tant à l'intérieur du lycée, qu'à l'extérieur, ont coûté un million environ à la ville de Paris, et par suite tous les services matériels de l'établissement ont été complétement organisés.

Aujourd'hui, le lycée peut contenir aisément cinq cents internes et autant d'externes, et il est pourvu de réfectoires, de dortoirs, de classes, de salles d'étude, de cours de récréations magnifiques.

De plus, une décision ministérielle lui a récemment donné une physionomie particulière.

Placé sous la direction de M. Boutan, le lycée, sans laisser le programme des études ordinaires, a été affecté plus spécialement à un enseignement scientifique conçu dans le but de préparer aux écoles du gouvernement. Il a des divisions distinctes pour la préparation aux Ecoles polytechnique, normale, centrale, forestière, de Saint-Cyr et navale. Etablie à la rentrée d'octobre 1865, la nouvelle organisation a déjà fait ses preuves. Grâce au nouveau mode introduit pour la distribution et la durée des classes, les cours ont pu être achevés plus rapidement, et par conséquent revus d'une manière plus complète.

Aujourd'hui les fondateurs de l'antique Harcourt ne reconnaîtraient plus leur vieille maison de la rue de la Harpe, et s'ils entraient dans les classes, ils verraient que ce n'est pas seulement l'organisation matérielle qui a fait des progrès, mais que l'enseignement est lui-même à la hauteur de cette organisation, et que le collége est, comme autrefois, l'asile de la science et du travail.

VI

LE COLLÉGE ROLLIN

VI

COLLÉGE ROLLIN

Bien qu'il ne compte pas, à proprement parler, un demi-siècle d'existence, le collége Rollin a une histoire féconde en incidents, surtout à son origine.

Pour les expliquer, il faut remonter un peu plus haut, à ce qu'on pourrait appeler les temps héroïques de l'établissement.

Tout le monde connaît la célèbre institution de Sainte-Barbe, située sur la place du

Panthéon, entre l'École de droit et la bibliothèque Sainte-Geneviève. Elle a succédé au collége et à la communauté qui, depuis la Renaissance, donnait l'instruction dans ce quartier de Paris, et qui avait pris un développement considérable. Fondée, suivant les uns, en 1430, par Jean Hubert, docteur de Sorbonne, sur un terrain acheté aux évêques de Châlons ; suivant M. J. Quicherat, qui nous paraît mieux informé, en 1460, par Geoffroi Lenormant, cette maison avait promptement acquis et toujours conservé un rang distingué parmi les établissements universitaires. Là se pressaient de nombreux disciples de tout âge et de tout pays; là se conservaient, dans toute leur rigueur, les vieilles coutumes de l'antique université.

C'est dans ces murs qu'Ignace de Loyola concevait le plan de cette célèbre Compagnie de Jésus destinée à jouer plus tard un si grand rôle; c'est là que se préparait Xavier, avant de devenir l'apôtre des Indes et le fondateur des missions lointaines.

On y observait la bulle d'Urbain V qui ordonnait que « les élèves fussent assis à terre, et non sur des bancs, pour écarter de la jeunesse toute tentation d'orgueil, » et ce n'était que par tolérance qu'on permettait aux écoliers de se grouper sur quelques bottes de paille ou de foin. Ce fut seulement sous le règne de Charles VIII qu'on introduisit l'usage des bancs de bois. Les classes, qui restaient sans feu même en hiver, étaient éclairées à peine le soir par quelques chandelles.

La discipline était d'une dureté qui fort heureusement n'est plus dans nos mœurs et qui s'adoucit peu à peu sans que la force des études eût à en souffrir. Parmi les maîtres ou les élèves remarquables de cette époque jusqu'aux temps modernes, citons au moins les sept frères Saint-Gelais, les cinq frères Lemaistre, Dubellay, Calvin, Montaigne, la Boëtie, Joseph Scaliger, les poëtes latins Buchanan et Santeul, Edouard Molé, père du chancelier, et plus tard Charles Lebeau, l'auteur de l'*Histoire du Bas-Empire*,

Corvisart, Thomas, le baron Desgenettes, de Féletz, Girodet-Trioson, de Wailly, Chambry, les abbés Legris-Duval et Liautard, J. F. Bertin, Dussault, Louis Perrée, etc.

A ces noms il faut joindre, d'après l'excellente *Histoire de Sainte-Barbe* par M. Jules Quicherat :

« Dumouchel, député de Paris à l'Assemblée constituante, qui fut créé en 1791 évêque constitutionnel du Gard ; Binet, traducteur d'Horace, le dernier qui ait exercé les fonctions de recteur dans l'ancienne Université et le premier proviseur du lycée Bonaparte ; André-Charles Brothier, littérateur et publiciste ; l'abbé Delille, qui aurait fait toutes ses études au collége de Lisieux, au dire de ses biographes, mais que Marmontel affirme avoir été aussi à Sainte-Barbe ; Etienne Montgolfier, inventeur de l'aérostat ; les célèbres tragédiens Lekain, Ponteuil (Triboulet) et Larive (Mauduit) ; les poëtes Guichard et Vigée ; Hallé, l'émule de Corvisart, que la nouvelle Sainte-Barbe eut pour médecin jusqu'en 1814; l'avocat Chauveau-Lagarde, défenseur de Charlotte Corday et de Marie-Antoinette; le fameux procureur général Bellart; Vaudoyer, architecte et membre de l'Institut, père d'un barbiste distingué des temps modernes; le géographe Barbié-Dubocage; les conventionnels Baudot, Massieu et Réal, qui siégèrent les deux premiers au sommet de la Montagne, l'autre dans la plus basse région du Marais. »

La révolution de 1789 interrompit le cours des études, au moins pour un temps : en 1791, les bâtiments furent pillés, et les derniers habitants du collége réduits à prendre la fuite.

Dès que la tourmente fut passée, Sainte-Barbe, dénommée Collége des sciences et des arts, se réorganisa sous l'habile direction de M. Victor de Lanneau, et marcha rapidement, à travers quelques vicissitudes, vers sa prospérité actuelle. Pendant ce temps, se fondait aussi, des débris de l'antique Sainte-Barbe, le futur collége Rollin.

En 1788, M. Planche, l'helléniste, avait reçu la direction des plus jeunes élèves de la communauté, réunis dans la maison de campagne de Gentilly que Louis XV avait donnée jadis à Sainte-Barbe. Quand les maîtres de Paris furent dispersés, il resta encore pendant trois ans avec ses élèves, et continua à les instruire comme dans un pensionnat particulier : cet enseignement dura jusqu'en 1794.

Interrompu trois ans, il fut repris en 1797 par MM. Planche, Gondouin et Parmentier, mais cette fois à Paris, dans les bâtiments de la communauté de femmes de Sainte-Aure, situés rue Neuve-Sainte-Geneviève. Là, sous le titre d'*Association des anciens élèves de Sainte-Barbe*, vivaient en famille, et délivrés du régime militaire qu'on imposait partout, soixante élèves environ, avec cinq ou six maîtres de l'ancienne communauté, ralliés dans cet asile tranquille après les orages révolutionnaires.

En 1806, M. Planche rentra exclusivement dans la carrière du professorat en acceptant une place au lycée Napoléon, et Parmentier, son associé, transféra l'établissement rue des Postes, dans les bâtiments du couvent des religieuses de la Présentation Notre-Dame, qui avait été vendu, en 1799, comme propriété nationale. Là, le nombre des élèves s'accrut rapidement et il fallut augmenter celui des maîtres. Il fallut aussi, jusqu'à ce que la maison fût devenue de plein exercice, suivre les cours des lycées, et les élèves allèrent d'abord à Louis-le-Grand, puis à Henri IV, enfin à Saint-Louis. En 1815, les frères Nicolle achetèrent l'établissement de Parmentier, moyennant une pension viagère de 10 000 fr.; ils rachetèrent en même temps Gentilly, la campagne de l'ancienne Sainte-Barbe.

Nous disons l'ancienne Sainte-Barbe, car il y avait alors à Paris une double Sainte-Barbe, toute moderne, et, pendant quinze ans au moins, une lutte très-vive et très-variée s'engagea entre les deux établissements pour la possession exclusive du titre de l'antique maison qui avait été leur berceau commun.

Parmentier avait donné à sa pension de la rue des Postes le nom de communauté de Sainte-Barbe : d'un autre côté, Victor de Lanneau, fondateur de l'École des sciences et des arts, installée dans les bâtiments de l'ancienne Sainte-Barbe, rue de Reims, avait cru pouvoir reprendre ce titre, comme un héritage vacant.

Ce dernier avait en effet pour lui le fait, la forme, la succession locale, la religion du sol ; la maison de la rue des Postes avait pour elle : le fond, le droit, la tradition orale, la filiation scolastique directe, les antécédents personnels. Elle était soutenue par le *Journal des Débats*, notamment par de Féletz, Dussault et Lemaire, qui la défendirent les deux premiers par leurs articles, le troisième en vers latins.

Ils trouvèrent des adversaires dans des hommes devenus célèbres depuis : MM. Vatout, Scribe et Villemain qui se distinguèrent dans cette guerre à coups d'hexamètres.

L'autorité administrative donna plusieurs fois gain de cause à Victor de Lanneau, notamment en 1808 et en 1818, mais enfin l'abbé Charles Nicolle, l'un des deux directeurs de la rue des Postes, étant devenu chef de l'Académie de Paris, la question fut, en 1821, tranchée dans son intérêt, avec quelques modifications destinées à sauver les apparences.

Aux cinq colléges royaux que possédait Paris à cette époque, une ordonnance du 28 août 1821 joignit deux maisons particulières érigées ce jour-là en colléges de plein exercice : ce furent la maison de l'abbé Liautard, rue Notre-Dame-des-Champs, devenue plus tard collége Stanislas; et la maison des frères Nicolle, rue des Postes, qui reçut le titre officiel de collége Sainte-Barbe, qu'elle devait changer, par un arrêté du 6 octobre 1830, contre celui de Rollin.

Mais auparavant une révolution importante s'opéra dans l'intérieur de l'établissement.

En 1826, la ville de Paris l'acheta et en fit un collége municipal. A la demande du conseil général de la Seine, une ordonnance royale plaça la maison sous l'autorité d'un conseil d'administration composé de six conseillers généraux. Peu de temps après, le 16 avril, Henri Nicolle mourut, et fut remplacé, comme directeur, par M. Defauconpret, préfet des études. Charles Nicolle ne survécut que peu d'années à son frère; il mourut le 2 septembre 1835.

Depuis 1830 jusqu'à nos jours, l'histoire du collége Rollin n'offre plus d'événements bien importants : il nous suffira de signaler la fondation d'une association entre les anciens élèves (juin 1846).

Le 1er avril 1864, M. Defauconpret, qui dirigeait le collége depuis trente-cinq ans, fut admis sur sa demande à prendre sa retraite, et remplacé par M. Paret, qui était préfet général des études. M. Paret, dont la santé était depuis longtemps chancelante, succomba le 4 août suivant à une longue et douloureuse maladie, et fut remplacé par

M. Talbert, censeur des études au lycée Louis-le-Grand, le directeur actuel. M. Defauconpret fut enlevé le 4 décembre 1865 à sa famille et à ses nombreux amis, et les derniers honneurs lui furent rendus le 7 au milieu d'un immense concours d'anciens élèves.

Dans ces derniers temps, un projet s'est produit, qui est aujourd'hui décidé. Il s'agit de transférer le collége à l'avenue Trudaine. Selon la tradition de la maison, les élèves, au lieu de coucher au dortoir, continueront à avoir des chambres particulières.

Signalons, en terminant, une innovation toute récente, mais qui nous paraît très-heureuse.

En 1865, pendant les vacances de Pâques, le directeur du collége choisit quelques élèves parmi ceux qui étaient le mieux notés, et les emmena visiter avec lui les principales villes du midi de la France. Aux vacances de Pâques 1866, une excursion plus importante a été entreprise : neuf élèves, dont quatre de philosophie, quatre de rhétorique, et un de mathématiques élémentaires, accompagnés d'un des professeurs d'anglais du collége et conduits par le directeur, ont fait une rapide excursion en Angleterre, parcouru Londres et poussé jusqu'à Oxford, où ils ont été admis à visiter presque tous les colléges de la célèbre université.

Quoique son existence ne soit pas de longue date, le collége Rollin a déjà de glorieuses archives.

Nous ne pouvons citer ici tous les noms dont il s'honore. Rappelons du moins qu'il a compté parmi ses professeurs MM. Michelet, Rinn, Ernest Havet, Bouillet, Gibon, Rossignol, Himly, Monnier, etc.

Peu d'établissements ont fourni dans le même espace de temps un plus grand nombre d'illustrations :

A l'Institut : MM. de Montalembert, Désiré Nisard, Ravaisson, Beulé, Cochin, Alexandre, Natalis de Wailly, Charles Sainte-Claire Deville, Henri Sainte-Claire Deville;

Au Corps diplomatique : MM. le duc de

Gramont, le comte de Sartiges, le comte de Rayneval, Henri Fournier, de Banneville, Berthemy, le comte d'Astorg, Bourée, Siméon;

Au Sénat : MM. Brenier et le général Fleury ;

Au Corps législatif : MM. le comte de Las Cases, le comte de Chambrun, le marquis de Talhouët, le duc de Tarente, le comte Murat, Jules Brame, Ernest Picard, Lepeletier d'Aunay, Girod de l'Ain ;

A l'Administration : MM. Duruy, Ministre de l'instruction publique, Fremy, gouverneur du Crédit Foncier, Soubeyran, sous-gouverneur du Crédit Foncier, Sohier, préfet d'Indre-et-Loire ;

Au conseil d'Etat : MM. Cornudet, Chauchat, Flandin, Marbeau, Missiessy, Lascous et le comte Treilhard ;

A l'armée : MM. de la Rochefoucauld, de Vassart, de Montaigu, Dubarail, Véron ;

A l'Université : MM. Verdet, Puiseux, Hector Lemaire, Denonvilliers, Bonnier, Magin, Zévort, Auguste Nisard, Fleury, Faurie,

Marié, Boutan, Privat-Deschanel, Bernès, W. Rinn, etc.;

A la Littérature : MM. Adolphe Dumas, Xavier Raymond, Nettement, Henri de Pène, Nadaud, etc.

Enfin, dans diverses carrières : MM. d'Aboville, ex-pair de France; Lechâtellier, ingénieur en chef des ponts et chaussées; Hulot, Ch. Lahure, d'Ozery, Landry-Bauvais, de Barante fils, Alf. Lévesque, de Lalanne, etc.

VII

COLLÉGE STANISLAS

VII

COLLÉGE STANISLAS

Dès que la Révolution eut fait place à des jours plus tranquilles, on sait avec quel empressement le pouvoir essaya de reconstituer l'enseignement et d'en réunir les membres dispersés.

La création des Écoles centrales, leur transformation en lycées, enfin l'organisation de l'Université répondaient à un des premiers besoins du pays : l'État le comprit et il essaya de satisfaire ce légitime intérêt, mais il ne marcha pas seul dans cette voie et, dès cette époque, l'initiative privée seconda activement l'œuvre réparatrice.

Au premier rang, parmi ceux qui contribuèrent ainsi à relever les études de l'oubli profond où elles étaient tombées, il faut citer trois hommes, trois prêtres qui, renonçant aux fonctions ordinaires du sacerdoce, crurent pouvoir se consacrer plus utilement à l'instruction d'une génération pour laquelle s'ouvraient de trop rares écoles. C'étaient les abbés. Liautard, Froment et Augé : ils se réunirent dans une pensée commune, et, en 1804, ouvrirent leur institution dans une simple maison de la rue Notre-Dame-des-Champs.

Cette maison avait été, pendant quelque temps, convertie en prison, à l'époque de la Révolution.

La Harpe y fut enfermé : ce fut là qu'il se convertit, par la lecture de l'*Imitation*, et passa d'une incrédulité philosophique bien nette à une piété qui fut exagérée comme l'est nécessairement toute réaction violente.

Au début, les trois directeurs n'eurent que trois élèves, dont l'un était Contat-Desfontaines, le futur directeur du théâtre du Palais-Royal, mais bientôt les élèves affluèrent, et en peu d'années la maison se trouva trop étroite pour contenir leur nombre toujours croissant.

Du reste, ce n'était encore qu'une simple pension dépourvue de plein exercice et dont les élèves furent astreints à suivre les cours du lycée Napoléon, lorsque le décret de 1808 eut réorganisé l'Université.

Ce rapide succès était amplement justifié, d'ailleurs, par la confiance qu'inspiraient les fondateurs de l'établissement.

Rarement une institution privée avait eu la bonne fortune d'être dirigée par des hommes plus compétents et plus complétement désintéressés. Tous trois avaient passé dans l'ancienne Université : l'abbé Liautard, à l'ancienne Sainte-Barbe; l'abbé Froment, au collége des Oratoriens de Juilly;

l'abbé Augé, enfin, à Louis-le-Grand, où, répétiteur de philosophie dès l'âge de dix-huit ans, il avait été le guide et l'ami des Legris-Duval et des Cheverus. Tous trois avaient observé les règles et les usages de ces illustres maisons; ils avaient apprécié tout ce qu'il y avait de bon et de sage dans l'ancien système d'éducation, et, par conséquent, sans repousser le progrès, ils aimaient surtout à s'inspirer des saines traditions du passé.

D'ailleurs, ils ne s'absorbaient pas tellement dans l'administration de leur collége qu'ils restassent étrangers aux événements du dehors.

En 1814, au moment de l'invasion, lorsque nos hôpitaux étaient encombrés de soldats malades ou blessés, décimés par le typhus, l'abbé Froment, qui avait été lui-même officier dans nos armées avant d'entrer dans les ordres, paya courageusement de sa personne ainsi que plusieurs de ses collaborateurs : trois d'entre eux furent victimes de leur zèle, et l'abbé Froment, atteint lui-même de la contagion, courut les plus grands dangers.

Quant à l'abbé Liautard, il est apprécié en ces termes par M. Jules Quicherat, dans son *Histoire de Sainte-Barbe* :

« Cet instituteur pouvait se dire, à bien plus juste titre que l'abbé Nicolle, le représentant des droits et de l'esprit de la ci-devant communauté. Il ne quitta Sainte-Barbe que le jour où la maison fut réduite au régime constitutionnel, et il fit partie de la petite escouade qui suivit MM. Formantin et Borderies dans la rue de Montreuil. Les patriotes du faubourg Saint-Antoine étant venus balayer aussi ce dernier asile, le jeune Liautard ne songea point, après la dispersion définitive, à aller rejoindre d'illustres protecteurs qu'il comptait dans l'émigration. Il obéit aux lois, en prenant les armes pour la défense de son pays.

« C'est aux armées et dans le tumulte des sociétés populaires, en faisant son devoir et en exposant sa personne, qu'il nourrit l'implacable haine dont son éducation première l'avait animé envers la Révolution. Reçu plus tard à l'École polytechnique, il en sortit presque aussitôt pour refus de serment de haine à la royauté; puis, sous les yeux de ses maîtres Formantin et Borderies, qu'il avait retrouvés, il se prépara au sacerdoce aussitôt que les études ecclésiastiques furent rétablies en France.

« Il ouvrit son pensionnat en 1804, sans afficher la puérile convoitise du nom de Sainte-Barbe, lorsque ce nom était devenu la propriété d'un autre. Il était de ceux à qui les mots importent peu, pourvu qu'ils obtiennent les choses. Sa volonté fut de tenir une école de royalisme, et il y réussit avec un succès qu'il ne fut donné d'obtenir qu'à lui seul de tout son parti. Il ne se compromit pas par des démonstrations imprudentes. Son moyen consista à prendre le plus grand nombre de ses élèves dans les familles intéressées au retour des Bourbons, c'est-à-dire dans les familles de l'ancienne noblesse, et au contact de cette jeunesse dont l'éducation politique n'était plus à faire, il mit des enfants du vulgaire voués d'avance à l'état ecclésiastique. Il prépara ainsi l'alliance de l'autel et du trône, laquelle il avouait tout haut comme le but de ses efforts, mais sans s'expliquer sur le trône qu'il avait en vue, de sorte que l'Empereur lui-même trouva du bon dans l'abbé Liautard, et que malgré les avertissements de sa police, il se refusa toujours à faire fermer l'établissement de cet instituteur, le plus indocile de son Université[1]. »

Quoi qu'on pense de cette appréciation, il y a du moins un fait hors de doute : c'est le développement rapide et la prospérité de l'institution de Notre-Dame-des-Champs : elle voyait même chaque jour s'accroître son personnel par suite d'une circonstance toute particulière.

Le culte venait d'être rétabli, mais le clergé n'était point assez nombreux pour suffire à

---

1. T. III, p. 172-173.

toutes les exigences, et l'on ne trouvait que difficilement des établissements propres à former les jeunes prêtres. Celui-ci leur fut ouvert comme un asile assuré, et pendant plusieurs années, jusqu'à la complète organisation des séminaires, il reçut une foule d'hommes, dont un grand nombre se sont distingués depuis dans la carrière ecclésiastique.

Le premier local était bien vite devenu insuffisant : aussi, vers 1815, l'agrandit-on en achetant une propriété voisine, l'ancien hôtel de Fleury, bâti et splendidement meublé pour le ministre de Louis XV, et qui offrait, avec un vaste emplacement, des avantages d'installation magnifiques.

Dans ces conditions, l'institution ne conserva pas longtemps son caractère privé.

Par un arrêté du Conseil royal, en date du 28 août 1821, en même temps que l'institution de l'abbé Nicolle devenait le collége Rollin, l'institution de l'abbé Liautard était également constituée de plein exercice; de plus, elle était admise à jouir des mêmes priviléges que les colléges royaux et érigée en collége particulier.

L'année suivante, le nouveau collége paraissait, pour la première fois, au Concours général, et une ordonnance royale l'autorisait à prendre un des noms de Louis XVIII, celui de Stanislas, que le roi tenait de son aïeul et parrain, le roi de Pologne. Cette circonstance, jointe au régime intérieur de la maison, y attira les enfants des familles les plus aristocratiques.

Là en effet, si les études n'étaient point différentes de celles des autres colléges, la situation matérielle du moins différait notablement.

L'administration était exclusivement dirigée par des ecclésiastiques; mais ils s'inspiraient d'une sage tolérance et d'un autre côté, les fonctions de l'enseignement étaient réservées à des professeurs laïques.

Rien n'était épargné pour que les enfants n'eussent point à regretter le bien-être matériel auquel ils avaient été habitués ; enfin, on s'efforçait de compléter ce système par une discipline paternelle et basée surtout sur la persuasion.

La vie de collége était là, autant que possible, une vie de famille. On y restait fidèle aux vieilles traditions, même dans les détails extérieurs. Ainsi, de 1806 à 1824, la liste des prix était encore rédigée en latin et portait en tête la vieille devise du Concours général jusqu'en 1789 : *Quod religioni, rei litterariæ*, etc.

Les distributions des prix étaient accompagnées d'exercices littéraires qui rappelaient les représentations théâtrales des jésuites à Louis-le-Grand, et le compte rendu de cette cérémonie en 1816 contient en tête la liste des élèves qui ont pris part à l'exercice littéraire de cette année.

L'abbé Liautard ne vit point pendant longtemps se développer cette prospérité qu'il avait créée : en 1825, il se retira, et fut remplacé par son collaborateur l'abbé Augé qui dirigeait déjà une annexe du collége à Gentilly. Ce ne fut qu'un changement de nom, car tous deux étaient animés du même esprit et s'inspiraient des mêmes traditions.

La révolution de Juillet ne passa pas tout à fait inaperçue à Stanislas. Les parents nobles d'une grande partie des élèves, pour qui le mot révolution voulait toujours dire 93, crurent que tout était perdu, et pour les rassurer, les enfants furent conduits près de là, dans les bâtiments de la brasserie Santerre, où ils trouvèrent pendant une nuit un asile bien superflu.

En 1832, les tristes souvenirs du choléra sont consignés dans cette note relative à la distribution des prix :

« La classe de philosophie s'est trouvée tellement réduite par suite de la maladie régnante, que l'on n'a pu établir de concours ; nous ferons remarquer que les deux élèves cités, qui sont restés seuls de leur classe, ont obtenu trois nominations au Concours général. »

En 1834, un orateur fit au collége Stanislas des conférences qui obtinrent tout d'abord un grand succès : ce débutant n'était autre que le P. Lacordaire. Quelques-uns de ses élèves se rappelleront encore l'avoir entendu prononcer dans son premier discours cette phrase originale :

« Mes enfants, n'oubliez jamais que le premier arbre de la liberté a été planté dans le paradis. »

Ces mots, à coup sûr plus singuliers que séditieux, ne laissèrent pas de produire quelque émotion sur le bon abbé Augé, qui se souvenait toujours d'avoir été, à Louis-le-Grand, le condisciple de Robespierre; cependant l'affaire n'eut pas de suite et les conférences continuèrent.

En 1838, l'abbé Augé prit sa retraite, et la direction fut confiée à l'abbé Buquet qui, après avoir été élevé dans la maison, y exerçait depuis seize ans les fonctions de préfet des études.

Le collége Stanislas doit beaucoup à l'excellente direction de l'abbé Buquet, activement secondé par l'abbé Eglée. Ce fut sous son administration ferme et à la fois paternelle qu'il obtint ses plus brillants succès.

Avec moins de quatre cents élèves, le collége Stanislas, pendant plusieurs années, remporta de douze à quatorze prix au grand Concours, chiffre énorme relativement au petit nombre des combattants qui le représentaient.

M. Buquet devint bientôt après grand vicaire de l'archevêché de Paris, et fut chargé de la la haute administration du diocèse sous NNss. Affre et Sibour. Il refusa souvent d'être évêque et n'accepta l'évêché de Parium *in partibus*, que, lorsque sa vue affaiblie le contraignit à prendre sa retraite.

Il fut remplacé, au collége Stanislas, par l'abbé Gratry, en 1841.

Un des premiers actes de la direction de M. l'abbé Gratry fut la fondation et l'organisation d'une école préparatoire, qui n'existait avant lui qu'à l'état de classe distincte (1842).

L'organisation de cette école convenait d'autant mieux à M. Gratry qu'il était lui-même élève de l'Ecole polytechnique. En 1843, une division spéciale fut formée pour préparer à la marine, et tous ces nouveaux cours furent installés dans le local de l'ancienne institution Babil, contiguë au collége, et qu'on acheta pour cette destination.

L'année 1847 fut une date fatale pour le collége.

Des circonstances difficiles, étrangères à l'administration et à l'enseignement, compromirent momentanément les intérêts de la maison.

Il fallut prendre un remède héroïque, et vendre ce bel hôtel Fleury, qui offrait une installation si commode, de si grands jardins aux récréations des élèves et qui rappelait déjà tant de souvenirs. Dans la même rue, un peu plus bas, se trouvait l'ancien hôtel de Mailly, naguère encore transformé en brasserie : ce fut là que le collége Stanislas transporta sa fortune et vint commencer une nouvelle ère.

L'hôtel Fleury, vendu en détail, fut démoli en entier, et de l'ancien collége il ne reste plus aujourd'hui qu'un pavillon situé au n° 50, de la rue Notre-Dame-des-Champs, et qui a été le premier siége de l'institution. Ce pavillon, après avoir été occupé par un chef d'institution, est aujourd'hui le siége d'une fabrique d'instruments de musique.

En 1847, la direction du collége était passée aux mains de l'abbé Goschler : sous son administration, un arrêté du Président de la République, en date du 29 mars 1851, maintint les avantages accordés au collége sous l'ancienne législation, et stipula que les professeurs de l'Université pourraient, comme par le passé, enseigner à Stanislas sans perdre leurs droits.

Aujourd'hui, et depuis 1855, le directeur est M. l'abbé Lalanne. On comprendra que nous n'entrions point dans de longs détails sur cette période. Il nous suffit de constater que le collége compte aujourd'hui cinq cents élèves; que cent cinquante autres sont instruits dans l'annexe fondée en 1857, rue de Valois-du-Roule, n° 16, et dirigée par MM. les abbés Meyer et Jacquin.

Enfin, en 1862, une annexe fondée dix ans auparavant, rue Bonaparte, sous le nom d'Institution Sainte-Marie, a été réunie au petit collége Stanislas, et installée dans les bâtiments nouvellement acquis, dont l'entrée se trouve rue de Rennes.

Le collége Stanislas a vu passer dans ses chaires MM. Jourdain, Desains, Transon, Taranne, Cartelier, Dareste, Lionnet, Gauthier de Claubry, Cabaret-Dupaty, Gibon, Théodose Burette, Valton, Saisset, Ozanam, Nourrisson, Legouez, Cabart, Glachant, Joseph Bertrand, Bravais, Wescher, etc.

Malgré le nombre relativement restreint de ses élèves, il a dignement tenu sa place au Concours général, et on peut relever dans ses archives bien des noms qui méritent d'être cités ici :

NNss. de la Tour-d'Auvergne, archevêque de Bourges, et d'Arsimonne, archevêque d'Aix;

NNss. Dupuch, évêque d'Alger; Ravinet, de Troyes; du Trousset d'Héricourt, d'Autun; Marguerie, de Saint-Flour; Thibault, de Montpellier; Buquet, de Parium; Martial, de Saint-Brieuc; Angebault, d'Angers; de la Bouillerie, de Carcassonne; de Dreux-Brézé, de Moulins;

MM. de Cossé-Brissac, de Montmorency, de Montesquiou, de Noailles, de Luynes, de Guise, de Castries, de Larochefoucauld, de Caraman, de Courcelles, de Quélen;

Huet (prix d'honneur en 1833 et 1834), Jean Macé, J. Hetzel, John Lemoine, Albert Terrien, Félicien Mallefille, Ulysse Ladet, les deux Sainte-Claire Deville, les deux Guéneau de Mussy, Pierre Gratiolet, Camille Rousset, Edmond Texier;

Le général d'Arbouville, Franscisque Bouillier, Ancel, député au Corps législatif, Auguste Bravais, de l'Institut;

Caro, Alfred Assolant, Gustave Merlet, Henri d'Audigier, Vierne, Fillias, de Laveleye, Foucher de Careil, Target;

Haffringue, à qui l'on doit la création

d'une succursale à Boulogne-sur-Mer et la restauration de Notre-Dame de Boulogne; Maurice de Guérin, de Ponton d'Amécourt, de Maussion de Candé, Auguste Portalis, Nettement, l'abbé Hanicle, Dubosc de Pesquidoux, Taconnet, de Martonne, etc.

VIII

LES INSTITUTIONS LIBRES

VIII

LES INSTITUTIONS LIBRES

Si l'on excepte quelques villes importantes où l'on suit l'exemple de Paris, la population des lycées et des colléges se compose généralement de deux éléments : les internes et les externes libres. A Paris, il n'en est pas ainsi : il y a des lycées, Charlemagne et Bonaparte par exemple, qui n'admettent pas d'internes; cependant la plus grande partie de leurs élèves vivent sous le régime de l'internat dans de nombreuses institutions particulières.

Ces établissements envoient des élèves même dans les lycées qui possèdent l'internat : ils tiennent une place importante dans notre histoire universitaire, et plusieurs d'entre eux ont une telle notoriété et des titres tellement honorables, qu'il est impossible de les passer sous silence sans laisser une lacune dans notre travail. Nous devons toutefois restreindre cette notice à un très-petit nombre de maisons, à celles qui sont véritablement hors ligne, non par leur mérite, car sous ce rapport il nous faudrait les citer presque toutes, mais par leur ancienneté, leur importance ou leur souvenirs.

Nous allons indiquer sommairement les principales dans l'ordre des lycées auxquels elles se rattachent.

§ 1er.

LYCÉE LOUIS-LE-GRAND.

1° *Sainte-Barbe.*

Nous ne ferons point ici l'histoire détaillée de cette célèbre institution, dont nous avons déjà parlé incidemment à propos du collége Rollin, et qui nous entraînerait dans des développements trop considérables. Il ne reste rien à dire d'ailleurs sur ce sujet après la belle *Histoire de Sainte-Barbe* de M. Quicherat[1], véritable monument de goût et d'érudition.

Nous nous bornerons à en donner ici un résumé succinct publié dans l'*Illustration* par notre ami et collaborateur André Lefèvre :

---

1. Trois vol. in-8, Paris ; Hachette, 1865.

« Sur le versant nord de la montagne Sainte-Geneviève, sorte de Parnasse pédagogique où se pressaient l'une contre l'autre, comme autant de muses rébarbatives et bruyantes, les maisons de Vézelay, Lisieux, Reims, Coqueret, Montaigu, Fortet, Navarre, du Mans et des Cholets, à quelques pas de la vieille Estrapade, à un quart d'heure de la Bièvre, qui coulait, non encore infectée de tanneries, dans une vallée favorable à l'école buissonnière, un certain hôtel de Chalon occupait, à peu près vers le milieu du quinzième siècle, l'emplacement de la moderne Sainte-Barbe. C'est là, dans cet hôtel de Chalon, plus tard accru d'un hôtel voisin (des Coulons), que Geoffroi Lenormant, abbé de la grande confrérie aux bourgeois, homme estimé du roi Louis XI, fonda, en 1460, l'institution qui dure encore.

« Il en était propriétaire et principal. Son collége, rapidement prospère, compta bientôt quatorze classes et six cents élèves *barbarains* ou *barbistes*, qui avaient leur bannière aux cérémonies. Son frère et successeur, Jean

Lenormant, eut à combattre, au nom du *Nominalisme* et de la saine philosophie, l'influence officielle des *Réalistes,* race qui s'est perpétuée et pour qui les idées abstraites ont une existence en dehors de la pensée humaine.

« Aux Lenormant succédèrent les Lemaistre, et une famille portugaise, les Gouvéa, véritables dynasties de docteurs solides et intègres, qui attiraient des professeurs comme le médecin Étienne Bonet, les érudits Pierre et Guy de Fontenay, Strébée, Buchanan, Gelida, Postel, Fernel, Turnèbe, souvent honorés du rectorat, et formaient toute une génération de savants, de magistrats, de poëtes.

« Parmi les élèves, on cite les sept frères de Saint-Gelais, dont Octavien, premier traducteur de l'*Odyssée* ; Gilis Delf, qui passa pour un Apollon (en latin); le sophiste écossais John Mair, à qui Rabelais attribue le livre *De modo faciendi boudinos;* les deux Dubellay, ministres de François Ier. Sainte-Barbe, délivrée l'une des premières du fatras scolastique, peuplait le parlement et les facultés : on la comparait au cheval de Troie, plein d'hommes illustres.

« Le visionnaire à demi affolé qu'on nomme Ignace de Loyola, le très-désagréable sectaire Jean Calvin, s'assirent, à peu d'années de distance, sur les mêmes bancs.

« Il fallut tout le désordre des luttes intestines qui détruisirent la sécurité publique, sous prétexte de questions dogmatiques fort indifférentes, et les honteuses manœuvres d'un principal, ennemi de sa propre maison, pour ruiner momentanément Sainte-Barbe et compromettre son avenir. Vainement Robert Dugast, propriétaire, depuis 1512, des quatre cinquièmes de l'établissement, l'éleva au rang de collége fondé et lui fit don de sept bourses en 1556 ; l'ineptie et la méchanceté de Robert Certain, neveu du bienfaiteur, précipitèrent l'institution renouvelée sur une pente où ne purent l'arrêter les talents et les efforts des Tremblay, des Berthould et des Menassier. L'enseignement des jésuites prenait partout le dessus, grâce à la rapidité, à la discipline, au bon marché qu'ils introduisirent dans les études (avantages trop compensés par la médiocrité et la timidité de leurs leçons expurgées, qui menacent, aujourd'hui encore, d'émasculer l'esprit des Français). Une communauté janséniste, établie sur une partie du fonds de Sainte-Barbe, dont elle usurpa le nom, toutefois sans le déshonorer, commença, dans la seconde moitié du dix-septième siècle, le démembrement de la fondation des Lenormant. Dans le courant du siècle suivant, les bourses de Sainte-Barbe furent transférées à Louis-le-Grand. En 1800, tout était fini, aussi bien pour la communauté, fermée dès 1791, que pour l'ancien établissement laïque.

« Mais déjà, depuis dix-huit mois environ, florissait une nouvelle Sainte-Barbe sur le terrain même où la première s'était élevée.

« Victor de Lanneau avait loué une partie des bâtiments du collége et y avait réuni des élèves, que le ministre de l'intérieur autorisait (15 novembre 1798) à suivre les cours du Prytanée.

En 1800, il quitta Louis-le-Grand, où il était sous-directeur, se défit à grands frais d'un associé qui le ruinait, attira les philosophes Maugras et Laromiguière; et, malgré bien des vicissitudes, malgré une persécution inique suscitée par les ultras de la Restauration, malgré la concurrence du collége de la rue des Postes, qui voulut reprendre en 1818 le nom et l'héritage de la communauté janséniste, il sut établir sur des fondements durables la riche maison dont l'histoire, déjà longue, remplit le troisième volume de M. Quicherat. Victor de Lanneau se retira en 1823 et mourut en mars 1830. « Ses obsèques furent un bel hommage rendu à ses services et à ses vertus. » Le roi Louis-Philippe fit placer son portrait à Versailles, à côté de celui de Fontanes.

« Sainte-Barbe, rétablie, le 17 septembre 1830, dans la propriété exclusive de son nom, put s'adjoindre, en 1832, malgré des embarras passagers, une école préparatoire dirigée par M. Duhamel. C'est en 1838 qu'elle est venue aux mains de l'excellent et vénérable M. Labrouste, à qui la création de la charmante succursale de Fontenay méritera le titre de quatrième fondateur. Il a fait de Sainte-Barbe le modèle de tout établissement d'instruction; rappelons aussi les éminents services rendus à la maison et à la jeunesse par M. Guérard, l'habile préfet des études qui, depuis 1838, n'a pas oublié le nom d'un seul de ses anciens élèves. Que de noms de maîtres et d'élèves illustres nous aurions à citer pour ce siècle! Mais ils sont dans la bouche de tous; contentons-nous d'en nommer trois : le général Cavaignac, sauveur de la France, modèle de l'honneur et de la probité; M. Bixio, l'une des plus fermes colonnes de l'institution, et enfin M. Jules Quicherat, son éminent historien. »

Peu de mots nous suffiront pour compléter cette notice.

De 1822 à 1865, Sainte-Barbe a remporté treize prix d'honneur au Concours général, dont quatre en rhétorique, deux en philosophie, sept en mathématiques spéciales.

Dans la seule année 1850, elle eut à la fois les trois prix d'honneur.

En 1857, le lauréat qui avait obtenu le prix de mathématiques spéciales, M. Godard, dînant, suivant l'usage, au ministère de l'instruction publique le soir de la distribution, M. Rouland lui demanda ce qui pourrait lui faire le plus de plaisir en un si beau jour. Sans hésiter, le jeune homme répondit que ce serait de voir décorer M. Blanchet, son directeur à l'école préparatoire, à qui il devait tant. La croix demandée le lendemain par le ministre fut immédiatement accordée.

M. Labrouste est mort le 18 février 1866, dans l'exercice de ses fonctions. Il était membre du Conseil impérial de l'instruction publique, président de la Société des chefs d'institution et officier de la Légion d'honneur.

Il a été remplacé par M. Dubief, chevalier de la Légion d'honneur, docteur ès lettres, inspecteur de l'Académie de Paris, qui vient d'être nommé membre du Conseil impérial de l'instruction publique.

Sainte-Barbe compte aujourd'hui 1250 élèves.

Nous ne pouvons rappeler ici tous les noms dont elle s'honore; ajoutons du moins aux noms déjà cités :

MM. Vatout, Eugène Scribe, Guinard, Devinck, général Trochu, E. Baroche, Jos. Bertrand, Liouville, Vavin, Jules Cloquet, Bouillet, baron Lacrosse, Gustave Froment, Perdonnet, Partarrieu-Lafosse, général Tripier, Paravey, Eug. Lamy, Eug. Guinot, Desmousseaux de Givré, vicomte Siméon, Boinvilliers, duc de Valmy, prince de Polignac, Gustave Servois, André Lefèvre, Michel Bréal, Molliard, Labbé, E. Dollfus, Christofle, Adolphe Nourrit, Dumont, etc.

2° *Institution Savouré.*

En 1730, la persécution contre les jansénistes eut son contre-coup à Sainte-Barbe, et un grand nombre d'élèves durent quitter l'établissement. L'un d'eux, Jean-Louis Savouré, obtint de l'Université, en 1734, la permission d'ouvrir un pensionnat à Paris.

Secondé par un abbé David, qui possédait comme lui les traditions barbistes, et soutenu par les conseils et l'expérience de Rollin, il s'établit dans la rue Copeau et envoya ses élèves suivre les cours du collége de Beauvais.

En 1779, l'institution fut transférée rue de la Clef, où elle prospère encore aujourd'hui entre les mains de l'arrière-petit-fils du fondateur.

Le directeur actuel est depuis plus de vingt ans officier de l'instruction publique. L'institution a remporté un prix d'honneur en rhétorique, et, parmi ses anciens élèves, elle compte le prince Jérôme, le frère de Napoléon Ier, qui, dans ses dernières années, s'est plu à venir revoir le berceau de son enfance.

§ 2.

LYCÉE CHARLEMAGNE.

1° *Institution Favard.*

Un ancien libraire, qui avait le goût des bonnes études, après avoir recueilli chez lui quelques enfants, alors que l'Université n'était pas encore rétablie, devint tout naturellement chef d'institution au commencement de ce siècle. Son fils, Pierre Favard, entra à l'École normale, prit la succession de son père, et l'institution Favard fut solidement établie.

Malheureusement le choléra enlevait à la maison son directeur en 1832, et il fallut attendre que le petit-fils, M. Eugène Favard, arrivât à l'âge où il pourrait être titulaire à son tour. L'Université s'y prêta de bonne grâce et elle eut raison. Les études, bien dirigées, donnèrent les meilleurs résultats.

Le prix d'honneur de rhétorique fit son entrée dans l'établissement en 1845, sous la direction du petit-fils du fondateur, et dans la personne de M. Chassang, aujourd'hui maître de conférences à l'École normale.

Peu de temps après, M. Labrousse, ancien professeur du lycée Napoléon, fut mis à la tête de la maison, qui, sous sa direction, eut trois fois le prix d'honneur de rhétorique. Mais une maladie dont il devait mourir l'écarta de l'institution qui passa aux mains de M. David, directeur actuel.

Sous ce dernier, la maison a remporté trois fois le prix d'honneur de philosophie. C'est donc en tout sept prix d'honneur sous les trois dernières directions, et une foule d'autres succès universitaires.

2⁰ *Institution Massin.*

Le fondateur de cette maison, M. Massin, était un ancien émigré. En 1789, il avait quitté la France pour suivre à Vienne un jeune seigneur polonais, dont il faisait l'éducation.

Après la dispersion de l'armée de Condé, il s'attacha à la personne du duc d'Enghien. A la mort de ce prince, il rentra en France dénué de ressources, et se fit agréer comme maître d'études à Sainte-Barbe, où il gagna la confiance de M. de Lanneau et devint préfet des études.

Lorsqu'on réorganisa l'Université, il avait déjà rendu assez de services à l'enseignement pour mériter la récompense, qui lui fut donnée alors, du grade de docteur ès lettres.

En 1810, il quitta Sainte-Barbe pour aller fonder son institution dans l'ancien couvent des Minimes, près la place Royale, et il la mit bientôt sur un excellent pied à Charlemagne.

Trois ans après, en 1813, M. Boismilon, qui fut depuis l'un des précepteurs des princes dans la famille d'Orléans, obtenait chez lui le prix d'honneur de rhétorique, bientôt suivi de celui d'Arvers.

L'un des élèves les plus distingués de l'établissement, M. Paul Barbet, devint le gendre de M. Massin, et plus tard lui succéda; sous lui la maison eut deux prix d'honneur, dont l'un en philosophie. Pendant quarante-huit ans, l'institution demeura sous leurs directions successives, et se maintint au premier rang.

En 1849, M. Massin mourut âgé de 84 ans, chevalier de Saint-Louis, officier de la Légion d'honneur, vénéré de tous. On raconte de lui un trait assez plaisant.

Nous avons dit qu'il était ancien émigré; mais il avait renoncé depuis longtemps aux idées politiques pour s'occuper d'instruction, lorsqu'en 1815, il rencontra un noble qui, lui aussi, avait fait partie de l'émigration.

« Eh bien, mon cher ! lui dit celui-ci d'un ton protecteur, êtes-vous content ? Vous avez une pension, sans doute ?

— Oui, répond froidement M. Massin que la Restauration avait complétement oublié.

— De combien est-elle ?

— De deux cents élèves, » répond en souriant à son interlocuteur le malin chef d'institution.

Et on se salue pour ne jamais se revoir. Le grand seigneur était tombé sur un maître d'école !

L'école n'a pas cessé de prospérer. Elle est depuis huit ans sous la direction de M. Lesage, agrégé de l'Université, qui, entre autres beaux succès au Concours général, a obtenu dans les trois dernières années trois prix d'honneur par le même élève, le jeune Dietz, couronné en rhétorique comme nouveau en 1863, comme vétéran en 1864, et qui vient de terminer par le prix de philosophie en 1865.

3° *Institution Jauffret.*

Au faubourg Saint-Antoine, dans la rue de Reuilly, était une modeste institution dirigée par M. Saint-Amand Cimttierre, vers la fin de la Restauration.

Son fils, qui le remplaça, transféra les élèves rue Culture-Sainte-Catherine, dans l'hôtel Saint-Fargeau, et, à partir de 1820, alors que le prix d'honneur de rhétorique fut entré dans l'établissement, vit sa maison prendre un développement rapide.

En 1836, M. Jauffret succéda à M. Saint-Amand Cimttierre, et c'est lui qui porta les études à leur plus haut degré de prospérité : aussi a-t-il donné son nom à l'institution.

Il eut à son tour deux prix d'honneur, obtenus l'un en rhétorique, l'autre en philosophie. Ce dernier fut remporté en 1848 par Edmond About. Après vingt ans d'exercice, M. Jauffret, dont la santé avait toujours été délicate, succomba à une longue et douloureuse maladie en 1856. Il était chevalier de la Légion d'honneur. Sous son successeur, M. Courgeon, agrégé d'histoire, ancien précepteur d'un des princes de la maison d'Orléans, l'institution a été, par suite d'expropriation, transférée à la place Royale, dans l'ancienne maison de Victor Hugo.

Citons, parmi ses élèves :

Les deux frères Tardieu, Garsonnet, Zeller, Thiénot, Goumy, Eug. Fallex, Gustave Merlet, Eug. Manuel, Louis Ulbach, Grenier, J. d'Hormoys, les acteurs Brasseur et Got, Alex. Pey, Léon Lagrange, Ch. Brainne, Tissot, consul à Bucharest, etc.

4° Institution Verdot.

Il y a trente ans, en 1836, M. Verdot, alors professeur à Charlemagne, prit des mains de M. Liévyns cette institution qui occupait, depuis 1829, le magnifique hôtel Carnavalet, deux fois illustre par les belles sculptures de Jean Goujon, et par dix-neuf ans de séjour de Mme de Sévigné.

Cinq ans auparavant, en 1831, la maison avait remporté son premier prix d'honneur en philosophie, et le devait à M. Bertereau, aujourd'hui doyen de la Faculté des lettres de Poitiers.

Depuis cette époque, de 1843 à 1862, sous la direction de M. Verdot, elle en a obtenu cinq autres : deux en rhétorique, un en philosophie, deux en mathématiques spéciales ; c'est, pour un seul exercice, une assez rare fortune.

Cette institution a toujours compté parmi ses élèves un grand nombre d'étrangers, Égyptiens, Persans, Birmans, etc. En ce moment même, un de ses anciens élèves, le fils de S. Exc. Hassan-Ali-Khan, ministre plénipotentiaire de Perse, est placé dans un bon rang, en 2ᵉ année, à l'École militaire de Saint-Cyr.

Parmi les nombreuses notabilités littéraires et scientifiques qui sont sorties de l'institution, il faut citer MM. Danton, inspecteur général, directeur du personnel au ministère de l'Instruction publique; Wantzell, décédé examinateur d'admission à l'École polytechnique, où il avait été admis le premier, devenu gendre du fondateur de la maison, M. Liévyns; Corrard, maître de conférences à l'École normale, etc.

M. Verdot, ancien élève de l'École normale est officier de l'instruction publique, chevalier de la Légion d'honneur, et officier du Lion et du Soleil de Perse.

§ 3.

LYCÉE BONAPARTE.

1° *Institution Bellaguet.*

Les institutions du Lycée Bonaparte sont très-nombreuses. Cela tient à l'étendue de sa circonscription, et au grand nombre de familles qui, dans ce riche quartier, destinent leurs enfants aux carrières libérales.

Une des principales institutions fut fondée en 1815, rue de la Pépinière, par M. Muron, qui, âgé de vingt-trois ans, comptait déjà cinq ans de services universitaires. Il se retira en 1837, et devint adjoint au maire du 1er arrondissement, et chevalier de la Légion d'honneur.

Il eut pour successeur M. Bellaguet, qui donna son nom à la maison. Sous ce directeur, trois prix d'honneur furent remportés dans les diverses facultés, rhétorique, philosophie et mathématiques spéciales. M. Ebrard succédant à M. Bellaguet, continuait ses traditions de succès et de fortes études, lorsque l'alignement de la rue de la Pépinière emporta sa maison, dont les élèves sont aujourd'hui réunis à ceux de M. Séroin, rue du Rocher, 52.

La pension Bellaguet a compté le général de Barral parmi ses élèves et Casimir Bonjour parmi ses maîtres.

2° *Institution Carré de Mailly*.

Fondée en 1815 par l'abbé Picot, au retour des Bourbons, elle passa en 1825 aux mains de M. Dunod, sous lequel elle remporta, en 1829, un prix d'honneur de philosophie au concours général. En 1841, elle prit le nom de son nouveau directeur, M. Carré de Mailly, qui l'a accrue en nombre et en prospérité. C'est un des établissements les plus fréquentés du Lycée Bonaparte.

Des institutions moins importantes par le nombre, mais très-estimables, et parfaitement dirigées, comptent aussi de beaux succès, et, pour n'en citer que quelques-unes, celles de MM. Chaine, Cousin, Landry ont tour à tour remporté des prix d'honneur, et contribué au développement si rapide du Lycée Bonaparte.

Cette dernière revendique M. Sainte-Beuve parmi ses anciens élèves.

Citons encore l'école polonaise, dont un grand nombre d'élèves suivent avec distinction les cours du lycée, les institutions de MM. Dupont-Tuffier, fondée en 1835 par M. Dupont et dirigée aujourd'hui par M. de Lécluse; Aubert-Savary, Delahaye, Dupuy, Genty, Prunières, Loubens, Crosnier de Varigny, Liénard, Dupleix, Hénon-Ferté, Bonnefons, etc.

§ 4.

LYCÉE NAPOLÉON.

1° *Institution Hallays-Dabot.*

A la tête des institutions du Lycée Napoléon, il en est une qui a cessé d'exister, mais qui mérite d'être mentionnée spécialement, c'est l'institution Hallays-Dabot. Fondée par M. Dabot, au moment où Napoléon constituait l'Université, continuée trente ans et plus par M. Hallays, gendre du fondateur, elle a jeté un vif éclat sur nos études.

En tête de ses sept prix d'honneur de rhétorique dont trois appartiennent à la première direction et quatre à la seconde, elle compte l'illustre et regretté doyen de la Faculté des lettres, M. Victor Leclerc, qui, deux ans de suite, au Concours général, en 1806 et 1807, eut cette belle couronne du discours latin comme nouveau, puis comme vétéran.

Parmi les lauréats ultérieurs on remarqua M. de Jussieu, puis M. Galeron, qui devait être le dernier directeur de cette maison, son ancienne patrie, dont il fut séparé trop tôt par de graves raisons de santé.

M. Hallays-Dabot vit encore; âgé de quatre-vingt-quatre ans, et depuis longtemps chevalier de la Légion d'honneur, il est le doyen vénéré des chefs d'institution. Il était resté uni par une vieille amitié avec M. V. Leclerc, qui l'a institué son exécuteur testamentaire et son héritier. M. Hallays-Dabot a fait immédiatement don à la Sorbonne de la magnifique bibliothèque du doyen de la Faculté des lettres.

2° *Institution Jubé*.

M. Jubé père, ancien officier de l'empire, officier de la Légion d'honneur, a fondé, place de l'Estrapade, cette maison, qui est toujours la fidèle auxiliaire du Lycée. Elle compte de beaux succès au Concours général, parmi lesquels deux prix d'honneur, le premier remporté en rhétorique (1846) par M. Lenient, aujourd'hui maître de conférences à l'École normale ; le second en philosophie (1856) appartient à la direction de M. Jubé fils, successeur de son père, et officier d'académie.

L'institution est maintenant placée sous la direction de M. Bon.

§ 4.

LYCÉE SAINT-LOUIS.

1° *Institution Barbet.*

Cette institution, aujourd'hui supprimée par suite de l'ouverture de la rue des Écoles, ne saurait être omise ici; car elle a été longtemps, pour les sciences, l'auxiliaire du lycée Saint-Louis.

Elle suivait d'abord les études générales, avec assez de succès, pour remporter au grand Concours le prix d'honneur de rhétorique, en 1831. Mais bientôt, M. Barbet, ancien élève de l'École normale, section des sciences, fut comme entraîné à revenir à sa spécialité, et l'institution devint une grande et belle école préparatoire.

En 1848 et en 1853, deux fois en cinq ans, elle eut le prix d'honneur de mathématiques spéciales, dont le premier fut remporté par M. Serret, aujourd'hui membre de l'Institut.

La maison a donné à l'armée un grand nombre d'officiers supérieurs et généraux, qui tous ont passé avec éclat par l'École polytechnique. Cette longue liste commence par le général Bourbaki, et se termine par le commandant d'état-major Capitan, gendre de M. Barbet, mort glorieusement à l'attaque de Puebla.

M. Barbet est chevalier de la Légion d'honneur, et commandeur de l'ordre du Medjidié de Turquie.

2° *Institution Hortus.*

Cette institution, fondée le 15 mars 1828, rue du Bac, 94, par M. Hortus, a puissamment contribué au succès des bonnes études. On peut dire que c'est elle qui a surtout maintenu le goût des lettres, dans un lycée plus spécialement consacré aux sciences. Le prix d'honneur de philosophie remporté en

1862, au Concours général, en est l'éclatant témoignage.

D'ailleurs elle compte parmi ses anciens élèves beaucoup d'hommes de mérite dans toutes les carrières : MM. le docteur Delpech, Suckau, professeur à la Faculté d'Aix, et Challemel-Lacour, tous deux sortis de l'École normale supérieure, etc.

M. Hortus a aussi élevé toute une colonie de jeunes Turcs, et, il y a quatre ans, l'un de ses anciens élèves, devenu ambassadeur de la Porte-Ottomane, est venu lui-même lui apporter les insignes de l'ordre du Medjidié. M. Hortus est en même temps chevalier de la Légion d'honneur, officier de l'instruction publique, et adjoint au maire du VIIe arrondissement.

Il a eu pour successeur, dans son institution, depuis 1864, M. Beaugé, qui, pendant quinze années, à titre de sous-directeur et de préfet des études, a pris part à la direction de deux grandes institutions du lycée Charlemagne, et qui continue dignement les excellentes traditions de l'établissement.

3° *Institution de Reusse.*

Fondée, à la fin du dix-huitième siècle, par M. Letellier, elle a été longtemps, surtout depuis 1830, une des plus florissantes institutions du lycée Saint-Louis, brillant tour à tour dans les sciences et dans les lettres comme l'attestent, à quelques années de distance, les grands prix du Concours général : pour les sciences, MM. Catalan et Roger; pour les lettres, M. Despois, prix d'honneur de rhétorique (nouveaux) en 1836. La préparation aux écoles spéciales du gouvernement en fit l'émule de la maison Barbet : elle peut compter, elle aussi, ses ingénieurs et ses officiers supérieurs comme elle a donné les noms les plus honorables à la magistrature, au barreau, aux carrières d'administration, à l'instruction publique, les Poirée, Martineau-Deschenetz, Dreyss, Theil de Pontmartin, Lefébure de Fourcy, Bertin, de Freminville, Bochet, Brétignières,

Sapey, P. Janet, de l'Institut, etc. Elle eut un moment comme une colonie de jeunes Russes envoyés par M. Demidoff pour étudier, avec la langue française, les sciences appliquées, utiles particulièrement à l'exploitation des mines.

En quittant la rue de Vaugirard (angle de la rue Férou), l'institution, transportée au pied de la rue des Fossés-Saint-Victor, a continué, mais pendant peu de temps, à conduire une partie de ses élèves au lycée le plus voisin, le lycée Napoléon. Sous la direction actuelle de M. Delacour, elle reste étrangère à tout lycée; elle a son personnel d'enseignement qui prépare aux examens de Sorbonne comme aux écoles. Des agrégés de l'Université, des docteurs ès lettres ou ès sciences forment la majorité de ces professeurs et répétiteurs libres dont le recrutement a été assez facile pour les chefs d'institution depuis 1852.

IX

LE CONCOURS GÉNÉRAL

IX

LE CONCOURS GÉNÉRAL

L'histoire des lycées et colléges de Paris ne serait pas complète, elle manquerait même de son couronnement nécessaire, si elle ne se terminait pas par quelques pages sur ce Concours général qui, chaque année, excite une si vive émulation dans notre population scolaire, et qui compte, dès aujourd'hui, dans ses archives, tant de noms pour lesquels l'illustration du collége n'a été que le présage d'un brillant avenir. Au lieu de mentionner les lauréats dans le chapitre consacré au lycée dont ils font partie, nous avons préféré donner ici un tableau d'ensemble, qui, tout en montrant clairement la part de chaque établissement dans cette lutte glorieuse, nous permettra de rassembler dans un cadre unique tous les faits qui s'y rapportent.

L'origine du Concours général remonte au siècle dernier, et se rattache à une circonstance toute fortuite : la mort d'un sieur Louis Legendre, qui n'avait rien de commun avec l'Université.

Né à Rouen, en 1655, de parents peu fortunés, il fut élevé et instruit par les soins de l'archevêque de Rouen, François de Harlay, qu'il suivit à Paris, lorsque ce prélat fut appelé dans cette ville, au même titre.

D'abord chanoine et sous-chantre de Notre-Dame de Paris, Legendre fut pourvu de l'abbaye de Clairfontaine, dans le diocèse de Chartres, en 1724.

Esprit indépendant, il s'était, seul avec

l'archidiacre de Paris, opposé à l'appel que le chapitre de Notre-Dame avait formé contre la bulle *Unigenitus*. Son bagage littéraire se composait d'une *Histoire de France*, d'une biographie du cardinal d'Amboise, d'un panégyrique latin de l'archevêque de Harlay, son bienfaiteur, et de divers travaux historiques, dont la *France littéraire*, de Quérard, porte la liste à une douzaine. Il avait aussi écrit des *Mémoires*, publiés récemment, et avait reçu le titre d'historiographe de France.

Il mourut le 1er février 1733[1], léguant ses biens aux villes de Rouen et de Paris. Par son testament olographe du 4 février 1732, il laissait notamment :

---

1. Presque tous les auteurs qui ont parlé du chanoine Legendre ont placé l'époque de sa mort un an plus tard, et nous avons nous-même suivi cette indication dans la première publication de notre travail. Nous n'hésitons point aujourd'hui à la rectifier, d'après les renseignements qui nous ont été fournis par un correspondant rouennais qui appuie cette date sur l'autorité des articles spéciaux écrits, en Normandie même, sur le chanoine normand.

« 1000 livres au grand couvent des Cordeliers de Paris; 1000 livres à la maison de la Mercy, près l'hôtel Soubise; 1000 livres aux Minimes de la place Royale; 1000 livres aux Jésuites de la rue Saint-Antoine; 1000 livres aux Théatins; 1000 livres au séminaire de Saint-Esprit; 1000 livres à la bibliothèque de l'Église de Rouen : MM. du chapitre de cette illustre église appliqueront cette somme à ce qu'ils jugeront à propos; 1000 livres aux grands Carmes de Rouen, pour estre par eux employée, à un nouveau prix du *Palinod;* lequel prix sera une médaille d'argent au moins de 4 onces, où sera d'un costé la Sainte Vierge sortant d'une lumière resplendissante; au haut : *Virgini immaculatæ;* au revers : *Dicat Ludov.* LEGENDRE, *historiæ Francicæ scriptor.* »

Venait ensuite une autre disposition ainsi conçue :

« J'ai toujours eu du zèle pour la gloire de la nation : c'est ce qui me fit entreprendre, dès que je fus débarrassé des occupations que me donnoit mon attachement à M. de Harlay, archevesque de Paris, de faire une nouvelle histoire de France, qui se fit lire avec plaisir. Dans la vue de perpétuer ce zèle, je fonde des prix qui seront donnés aux personnes, de quelque sexe, de quelque nation, état et profession qu'elles soient, qui auront fait les trois plus belles pièces de prose françoise, d'environ demi-heure de lecture chacune; les trois plus belles pièces en vers héroïques françois, au moins au nombre de cent; trois odes latines, au moins de dix strophes, chaque strophe de quatre vers, de la mesure de l'ode d'Horace : *Odi profanum vulgus et arceo;* et les trois plus belles pièces de musique, toutes à la louange de la nation, ou de quelques-uns des grands hommes qu'elle a produits dans l'église, dans l'épée, dans la magistrature, dans les sciences et les arts, suivant le sujet qui sera désigné par les juges du prix.

« Ces prix se donneront de quatre ans en quatre ans, à l'instar de ceux qui se donnoient, en Grèce, aux jeux Olimpiques. Le sujet sur lequel on travaillera sera annoncé dans les gazettes, Mercures et journaux, et par des affiches à Paris, deux ans avant la première olimpiade françoise, je veux dire avant la première distribution des prix ; et ainsi des années suivantes. La distribution des prix de prose se fera le premier dimenche de juillet ; celle des prix de vers françois le dimenche suivant ; celle des prix des odes latines le dimenche d'après ; et celle des prix de musique, ou le quatrième dimenche de juillet, ou le premier du mois d'aoust....

« ....Mon portrait, par Jouvenet[1], sera mis dans la salle où se fera la distribution, pour exciter les gens plus riches que moi à concourir à la gloire de la nation....

« .... Le premier prix de prose françoise, le premier prix de vers héroïques françois, et celui des odes latines, sera chacun de 1000 livres ; le second, chacun de 400 livres,

---

1. Ce portrait, gravé par P. Drevet, figure dans la collection de la bibliothèque de Rouen.

et le troisième de 300 livres. A l'égard des prix de musique, ne pouvant pas être si forts, attendu qu'il en coûtera pour faire chanter les pièces des aspirants aux prix, le premier sera de 400 livres, et les deux autres de 300 livres chacun. Tous ces prix seront des médailles d'or de la valeur marquée ci-dessus, où sera d'un côté la France assise sur un trosne, couronnée de lauriers, et revêtue du manteau royal, ayant à droite les simboles des différentes dignités, et à gauche les simboles des sciences et des arts; et, au revers, mon portrait; et, pour légende, *Lud. Legendre, Historiæ francicæ scriptor.* Si ceux qui ont remporté des prix aiment mieux de l'argent comptant, on leur en payera la valeur à petit bruit. »

Le testament contient en outre des dispositions relatives aux moindres détails du concours.

Il détermine les époques où les pièces des concurrents devront être remises, la manière dont on les distinguera, la répartition des frais nécessités par la cérémonie ; puis il affecte à l'œuvre une rente annuelle de 2000 fr., soit une somme de 8000 fr., puisque le concours ne doit avoir lieu que tous les quatre ans.

Enfin il indique en ces termes les moyens d'exécution :

« Ayant eu l'honneur d'estre chanoine de l'église de Paris plus de quarante ans, et ma fondation ne pouvant estre à charge au chapitre, je prie très-humblement messieurs nos confrères de vouloir l'accepter. S'ils me font cet honneur, je me remets pour l'exécution à leur prudence; ils seront les juges du mérite des pièces qui aspirent aux prix, et en indiqueront le sujet. S'ils acceptent ma fondation, je prie très-humblement M. le doyen, M. le chancelier, et M. Loyau, ou son successeur dans la recette du chapitre, de vouloir estre les exécuteurs de mon testament, et de joindre leurs prières aux miennes pour obtenir de Mgr l'archevesque que la distribution des prix se fasse dans la grande salle de l'archevesché, et de vouloir honorer de sa présence la cérémonie.

« Si MM. du chapitre n'agréent pas ce que j'ai l'honneur de leur proposer, je transporte, donne et lègue, aux RR. PP. Cordeliers du grand couvent de Paris, lesdites fondations, circonstances et dépendances, et les rentes y affectées, aux mêmes conditions; en ce cas, des notables du couvent, le père gardien à la teste, supplieront très-humblement MM. les gens du Roy du parlement, qui sont les zélateurs nés de la gloire de la nation, de vouloir honorer de leur présence la distribution des prix, d'estre les juges de ces prix, et d'en indiquer le sujet. Si la fondation n'est point acceptée par le décrétoire de ce grand couvent, *je supplie très-humblement ces messieurs de la placer où ils jugeront à propos.* »

Ces dernières lignes, qui, dans la pensée du testateur, ne s'appliquaient évidemment qu'à une hypothèse très-peu probable, devaient décider du sort de sa fondation.

Le testament fut attaqué par les collatéraux du défunt. Le chapitre de Paris et les Cordeliers reculèrent devant la perspective d'une procédure longue et coûteuse, et ils laissèrent le soin de l'affaire au parlement de Paris, qui, après dix ans de procès, par un arrêt du 1er juillet 1744, accorda la jouissance du legs à l'Université, pour qu'il fût employé à distribuer des prix à des étudiants ès arts, après toutefois qu'on aurait acquitté, sur ces fonds, trois obits fondés par le testateur.

A l'exemple de Paris, Rouen se crut également en droit d'interpréter les intentions du testateur après la délivrance du legs, et au lieu d'employer l'argent à fonder des jeux floraux comme à Toulouse, on s'en servit pour venir en aide à l'établissement de l'*Académie des sciences, arts et belles-lettres de Rouen*, qui, établie par lettres patentes de juin 1744, puis dissoute en 1793, a été réorganisée en 1803.

L'Université, depuis longtemps, désirait réunir annuellement les élèves de tous ses colléges dans une distribution générale de prix, où l'un de ses professeurs prononcerait un discours solennel; mais l'insuffisance de ses ressources avait toujours fait ajourner ce projet.

Elle accepta donc avec empressement l'offre qui lui était faite, et rédigea, sur la manière dont elle comptait employer ce legs, un mémoire qui fut approuvé par le Parlement, et suivi d'un arrêt, en date du 8 mars 1746, qui régla définitivement la question.

Le mémoire que rédigea le recteur Fromentin, après avoir consulté son Conseil, régla les conditions du Concours d'une manière générale; et il dut, plus d'une fois, être modifié dans la suite, comme nous le verrons. Toutefois, nous croyons devoir en indiquer ici les principales dispositions.

En rhétorique, il y eut quatre compositions : discours latin, discours français, vers latins et version grecque.

En seconde : thème latin, vers latins, version grecque.

En troisième : thème latin, version latine et version grecque.

Pour compenser l'inégalité de la lutte entre les vétérans et les nouveaux, il fut décidé :

Que les vétérans auraient deux prix, lorsqu'ils occuperaient les deux premières places ou au moins la première et la troisième, mais qu'ils n'en auraient pas lorsqu'un nouveau serait le premier;

Que les vétérans pourraient avoir jusqu'à six accessits, mais à la condition que ces accessits seraient supérieurs en mérite aux prix des nouveaux et qu'ils ne seraient pourtant nommés qu'après;

Que les vétérans n'auraient aucune nomination, si les trois premières places étaient occupées par des nouveaux;

Que tout élève, vétéran ou nouveau, qui aurait remporté quatre premiers accessits en rhétorique et trois en seconde ou en troisième, recevrait un prix.

De plus, l'article 3 prévoyait ainsi le cas où un élève changerait de collége :

« Si un écolier, après avoir eu, l'année

précédente, un prix ou un accessit dans un collége, a passé dans un autre, on annoncera sa migration en ces termes : *è tali collegio in tale collegium transgressus.*

« Si un écolier passe après Pâques dans un autre collége, on ne nommera que le collége qu'il a quitté. »

Une disposition du chapitre IV stipula que les prix seraient « des livres bons et utiles, en un ou plusieurs volumes, proprement reliés ; ayant d'un côté les armes de l'Université, et de l'autre celles de M. l'abbé Legendre ; la première page portant le nom de l'écolier qui l'aura mérité, signée de M. le recteur et scellée de son sceau. »

Enfin le chapitre V, relatif aux frais de la cérémonie, nous paraît assez intéressant pour être cité :

« Ch. V. *Frais.* — Le nombre des prix ne peut passer 31 et ne peut être au-dessous de 20. On peut compter ordinairement sur 26 ou 27.

27 prix à 20 livres l'un portant l'autre............	540 liv.
Pour l'orateur...........	200
— tenture de la salle....	500
— estrade et autres menuiseries.........	60
— huit suisses.......	48
— huit trompètes et timbales..........	36
— couronnes........	10
— invitations, courses en carrosses.......	50
Au domestique qui servira aux compositions, à 3 livres par jour, pour son dîner et salaire............	27
Pour menus frais........	24
Total........	1495 liv.»

Toutes ces mesures furent mises à exécution dès l'année suivante. Les concurrents, réunis dans la salle des assemblées de l'Université, au cloître des Mathurins, entendirent chaque jour la messe de ce couvent, avant de commencer leurs compositions. Parmi les professeurs chargés de juger le concours, on trouve trois professeurs de rhétorique bien connus : Lebeau aîné, des Grassins; Lallemand, de la Marche, et Batteux, de Navarre. La distribution eut lieu, en grande pompe, le 23 août, à quatre heures après midi, dans les écoles extérieures de la Sorbonne : elle commença, après un discours latin de l'ancien recteur Fromentin, par cette formule réglée d'un commun accord entre l'Université et le Parlement, et qui se maintint sans modification, jusqu'en 1791, comme on le verra plus loin :

Quod Religioni, rei litterariæ
Totique adeo reipublicæ
Felix, faustum fortunatumque sit,
Anno reparatæ salutis humanæ MDCCXLVII,
Ex quo regnare cœpit LUDOVICUS XV *trigesimo*
secundo,
Die vigesima tertia mensis Augusti,
Alma studiorum parens, primogenita REGUM *filia,*
UNIVERSITAS PARISIENSIS
Amplissimo viro D. D. JOANNE COCHET, *rectore,*
In scholis Sorbonicis congregata,
Ad solemnem præmiorum litterariorum
distributionem,

Senatus consulto die 8 Martii 1746 apud se
Ex posthuma liberalitate Viri Clarissimi D. LUDOVICO
LE GENDRE,
Ecclesiæ Parisiensis, dum viveret, Canonici
et Succentoris, Institutam,
Post habitam à V. Cl. M. PETRO FROMENTIN,
Ex-Rectore, ORATIONEM,
Annuente et præsente supremo senatu
Athletas suos hoc ordine coronat et remuneratur.

On lut ensuite la proclamation des prix en commençant par le discours latin. Aucune distinction spéciale n'avait été stipulée pour ce prix ; une circonstance toute fortuite en décida autrement. Lorsque le lauréat parut sur l'estrade, le recteur, au lieu de le couronner lui-même, le renvoya *par honneur* au premier président, Charles de Maupeou. Telle a été l'origine du titre de *prix d'honneur* accordé au premier prix de discours latin. On ne lira pas sans intérêt la liste de ceux qui l'ont mérité depuis cette époque jusqu'à nos jours [1].

---

1. La lettre V désigne les véterans; la lettre N les élèves nouveaux.

1747. Wilkinson (J.), de Dublin. V. Grassins.

1748. Guérain (L. E.), de Paris. V. Grassins.

1749. Thomas (A.), de Clermont, V. Lisieux.

1750. Ame (L.), de Constance. V. Harcourt.

1751. Le Bon (J. B. V.), de Paris. V. Grassins.

1752. Couanier-Deslandes (H. C.), du Mans. N. Plessis.

1753. Truchi (H. A.), de Paris. N. Beauvais.

1754. Seignelay-Colbert de Castehill, d'Écosse. V. Harcourt.

1755. Delille (J.), de Clermont. V. Lisieux.

1756. De Laharpe (J. F.), de Paris. N. Harcourt.

1757. De Laharpe (J. F.), de Paris. V. Harcourt.

1758. Lévesque (F.), de Rouen. V. Plessis.

1759. Leroux (J. B.), de Paris. N. Lisieux.

1760. Johnson (B.), d'Irlande. N. Plessis.

1761. Lefebvre de Lasserré (T. H. J.), de Lille. V. Grassins.

1762. Le Tellier (A.), d'Évreux. N. Harcourt.

1763. Dupuis (C. F.), de Rouen. V. Harcourt.

1764. Agier de la Bretonnière (P. J.), de Paris. V. Harcourt.

1765. Hardouin de la Reynerie (L. E.), de Sens. N. Grassins.

1766. Truffer (J. B.), de Constance. V. Harcourt.

1767. Boucly (L. F. A.), de Noyon. V. Plessis.

1768. De Noyelle (J. F.), d'Amiens. V. Plessis.

1769. Néel (P. M. J.), de Rouen. V. Lisieux.

1770. Boulard (A. M. H.), de Paris. N. Plessis.

1771. Girard (A. G.), de Besançon. N. Louis-le-Grand.

1772. De Baudre (B. M.), de Bayeux. V. Grassins.

1773. Rateau (P. A.), de Bordeaux. N. Plessis.

1774. Noël (L. F. J. M.), de Paris. N. Grassins.

1775. Noël (L. F. J. M.), de Paris. V. Grassins.

1776. De Monceaux (P. M. J.), de Loudun. N. Louis-le-Grand.

1777. Paschal Lambert (A. C.), d'Angers. N. Louis-le-Grand.

1778. Cauchy (L.), de Rouen. N. Lisieux.

1779. Fresnois (J. B.), de Saint-Quentin. N. Montaigu.

1780. Delacourt (L.), d'Amiens. V. Grassins — passé à Louis-le-Grand.

1781. Magon de Saint-Ellier (A. F. R.), de Paris. V. Plessis.

1782. Crevel (J.), de Rouen. V. Grassins.

1783. Lefebvre (P. L.), de Montdidier. N. Montaigu.

1784. Formantin (A. N.), de Paris. N. Plessis.

1785. De Niéport (V. J.), de Dieppe. N. Lisieux.

1786. Defaucompret de Thulus (A. J. B.), de Lille. V. Mazarin.

1787. Lemaire (E. N.), de Sainte-Menehould. V. Plessis.

1788. Nugues (C. P.), de Vienne. V. Navarre.

1789. Terray de Rosières (C. H.), de Paris. V. Plessis.

1790. Lebœuf (C. E.), de Paris. V. Plessis.

1791. Nugues (C.), de Romans. N. Navarre.

1792. Burnouf (J. L.), de Valognes. N. Harcourt.

1793. Gautier (A. G. J.), de Seine-et-Oise. V. Navarre.

1794-1800. *Point de concours.*

1801. Ernest (couronné pour un discours français). École centrale des Quatre-Nations.

1802. Landré de Longchamps (François de Paule). École centrale du Panthéon.

1803. Naudet (J.), de Paris. N. École centrale du Panthéon.

1804. Naudet (J.), de Paris. V. École centrale du Panthéon.

1805. Mouzard (E. M. A), de Paris. N. Lycée Impérial.

1806. Leclerc (J. V.), de Paris. N. Napoléon.

1807. Leclerc (J. V.), de Paris. V. Napoléon.

1808. Glandaz (A. S.), de Paris. N. Charlemagne.

1809. Petitjean (A. P. S.), de Paris. N. Napoléon.

1810. Cousin (V.), de Paris. N. Charlemagne.

1811. Hourdou (A. M. A.), des Andelys. V. Charlemagne.

1812. Matouchewitz (A. J.), de Varsovie. N. Lycée Impérial.

1813. Tougard-Boismilon (J. D.), de Fécamp. V. Charlemagne.

1814. De Jussieu (A. H. L.), de Paris. V. Henri IV.

1815. *Point de concours.*

1816. Rinn (J. W.), d'Auxerre. V. Bourbon.

1817. De Wailly (B. A.), de Paris. V. Henri IV.

1818. De Mersan (L. E. G. A.), de Paris. V. Henri IV.

1819. Cuvillier-Fleury (A. A.), de Paris. N. Louis-le-Grand.

1820. Velly (F.), de Paris. V. Charlemagne.

1821. De Wailly (G. G.), de Paris. V. Henri IV.

1822. Cardon de Montigny (J. E. J.), d'Arras. N. Henri IV.

1823. Drouyn de Lhuys (E.), de Paris. N. Louis-le-Grand.

1824. Arvers (F. A.), de Paris. V. Charlemagne.

1825. Carette (A. E. H.), du Quesnoy. N. Henri IV.

1826. Galeron (P. E.), de Laigle. N. Henri IV.

1827. Mitantier (B. F.), de Troyes. V. Sainte-Barbe (Rollin).

1828. Ledreux (É.), de Chartres. N. Bourbon.

1829. Lemaire (H. L.), de Triaucourt. V. Sainte-Barbe (Rollin).

1830. Oddoul (J. P. E.), d'Avallon. V. Louis-le-Grand.

1831. Groslambert (H.), de Baume-les-Dames. N. Saint-Louis.

1832. Taillefert (J. C. T. E), de Liége. V. Louis-le-Grand.

1833. Huet (F.), de Villeau. N. Stanislas.

1834. Jacquinet (P. M. A. G.), de Paris. V. Saint-Louis.

1835. Pitard (V. F.), de Solesme. V. Henri IV.

1836. Despois (E. A.), de Paris. N. Saint-Louis.

1837. Ducellier (F. F. J.), de Douai. V. Henri IV.

1838. Didier (J. F. A. V.), de Paris. V. Louis-le-Grand.

1839. Girard (J. N.), de la Pointe-à-Pître (Guadeloupe). V. Bourbon.

1840. Rigault (H. A.), de Saint-Germain-en-Laye. V. Versailles.

1841. Moncourt (E.), de Sens. N. Louis-le-Grand.

1842. Grenier (P. A.), de Brioude. V. Charlemagne.

1843. Blandin (M. A. A.), d'Orgelet. V. Charlemagne.

1844. Glachant (C. F.), de Paris. V. Charlemagne.

1845. Chassang (M. A. A.), de Bourg-la-Reine. N. Charlemagne.

1846. Lenient (C. F.), de Provins. V. Henri IV.

1847. Taine (H. A.), de Vouziers. V. Bourbon.

1848. Dupré (L. M. E.), de Cerisiers. V. Bonaparte.

1849. Chéron (J. P.), de Paris. V. Napoléon.

1850. Lachelier (J.), de Fontainebleau. V. Louis-le-Grand.

1851. Poiret (L. J.), de Paris. N. Charlemagne.

1852. Gindre de Mancy (F. C.), de Paris. V. Charlemagne.

1853. Gaspard (P. E.), de Nevers. N. Charlemagne.

1854. Herbault (L.), de Poitiers. V. Charlemagne.

1855. Husson (E.), d'Amiens. V. Napoléon.

1856. Liszt (D. H.), de Rome. N. Bonaparte.

1857. Renault-Morlière (A. J.), d'Ernée. V. Napoléon.

1858. Henry (P.), de Paris. V. Charlemagne.

1859. Morel (M. G.), de Gy. N. Charlemagne.

1860. Filon (P. M. A.), de Paris. V. Napoléon.

1861. Brochot (P. M. G.), de Royan. V. Charlemagne.

1862. Humbert (R. G.), de Paris. N. Bonaparte.

1863. Dietz (J. F.), de Mâcon. N. Charlemagne.

1864. Dietz (J. F.), de Mâcon. V. Charlemagne.

1865. Cartault (A. G. C.), de Paris. V. Louis-le-Grand.

Cette première distribution des grands prix de l'Université avait eu lieu entre les dix principaux colléges de Paris, et il est curieux de voir dans quelle proportion ils se partagèrent les récompenses.

	Prix.	Acces.
Le Plessis.	8	10
Grassins.	5	10
Beauvais.	5	6
Harcourt.	4	7
Mazarin	2	15
Lisieux	0	3
La Marche.	0	3
Montaigu.	0	1
Navarre	0	0
Cardinal Lemoine . .	0	0
	24	55

L'effet de cette solennité fut immense : elle enflamma en même temps le zèle des maîtres et l'émulation des élèves, et la générosité du chanoine Legendre trouva bientôt des imitateurs[1]. Dès l'année suivante, l'un des plus glorieux membres de la vieille Université, Charles Coffin, assigna un fonds de cinquante livres de rentes pour établir deux prix de version latine en seconde. Le donateur mourut le 20 juin 1749, et les deux prix furent donnés, pour la première fois, le 4 août suivant, avec cette mention :

Duo præmia, quæ sequuntur adjecit et instituit vir de Academia Parisiensi et de re litteraria præclare meritus, magister Carolus

---

[1]. Bien que le legs du chanoine Legendre n'ait pas reçu la destination indiquée par son testament, il est probable que le bon abbé aurait applaudi à cette dérogation s'il avait pu voir le grand nombre de Rouennais et de Normands qui, surtout aux débuts de l'institution, figurèrent parmi les lauréats : 1758, Lévesque, de Rouen; 1762, Letellier, d'Évreux; 1763, Dupuis, de Rouen; 1769, Néel, de Rouen; 1772, de Baudre, de Bayeux; 1778, Cauchy, de Rouen; 1781, Crevel, de Rouen; 1785, de Niéport, de Dieppe; 1792, Burnouf, de Valognes, etc.

Coffin, *antiquus rector, et collegii Dormano Bellovaci, dum viveret, primarius.*

Les prix Coffin n'étaient destinés qu'aux élèves : cette même année vit fonder un prix pour les maîtres eux-mêmes. Par un acte du 18 juin 1749, le sieur Jean-Baptiste Coignard, imprimeur-libraire de l'Université et de l'Académie française, plus tard secrétaire du roi, « désirant donner à l'Université des preuves de son attachement, » lui fit remise d'un capital de 10 000 livres, produisant 400 livres de rente. C'était une somme que l'Université lui redevait, depuis 1738, sur 30 000 liv., prix d'une maison vendue par lui.

Sur sa proposition, cette somme fut consacrée à fonder un prix de discours latin « de demi-heure de lecture, sur un sujet littéraire ou moral alternativement, à moins d'événement public qui mérite d'être célébré. » L'article 4 fixait ainsi les conditions du concours :

« Pour pouvoir concourir à ce prix, il faudra être *maître-ès-arts* de l'Université de Paris, pourvu qu'on ne soit ni docteur en quelque Faculté supérieure de ladite Université, ni professeur de philosophie et de rhétorique dans quelqu'un de ses colléges de plein exercice, ni principal de quelqu'un desdits colléges, ni membre d'aucune communauté religieuse ou congrégation régulière. »

Toutefois une exception était faite en faveur des maîtres-ès-arts, professeurs de rhétorique et d'humanités dans les universités de Reims et de Caen.

Le montant du prix fut fixé à 300 livres. Il fut décerné pour la première fois en 1750 et, à partir de 1752, proclamé immédiatement après le discours latin de l'orateur officiel et avant les prix donnés aux élèves. Parmi les professeurs qui l'obtinrent, on remarque :

Malbeste (1752 et 1754),
Gayot (1756, 1758, 1764 et 1765),

Jacques Delille (1759),
Charbonnet (1760 et 1761),
Cosson (1762 et 1763),
Guéroult (1766, 1770, 1771et 1773),
Geoffroy (1772, 1774 et 1775),
Dumouchel (1776, 1777 et 1778),
Noël (1780, 1783 et 1784),
Daireaux (1785, 1786, 1787 et 1788).

Enfin une dernière fondation vint compléter les récompenses du grand Concours : elle fut faite par Bernard Collot, doyen de la tribu de Paris dans la nation de France, professeur émérite dans la Faculté des arts, ancien principal du collége de Fortet et chanoine honoraire de Notre-Dame de Paris. A sa mort, en 1755, il légua à l'Université une rente de 400 livres pour un prix extraordinaire de version grecque qui devait être disputé par les élèves des trois classes : troisième, seconde et rhétorique. Cette donation fut acceptée en principe, mais modifiée dans son but par un arrêt du parlement du 29 mai 1758, qui en disposa ainsi :

« Ce faisant, ordonne qu'il sera ajouté chaque année à ladite distribution générale des prix de l'Université dix-huit nouveaux prix qui seront délivrés, savoir : deux aux rhétoriciens vétérans, et deux aux rhétoriciens modernes, qui les auront mérités par la composition d'une version de latin en français; deux aux écoliers étudiants en troisième, pour une composition en vers latins, et quatre pour les écoliers de chacune des trois classes inférieures de quatrième, cinquième et sixième, pour des compositions de thème et de version. Ordonne que le nom de Bernard Collot sera ajouté, comme fondateur desdits dix-huit prix, dans les programmes d'invitation à ladite distribution générale des prix de ladite Université et dans les états de distribution. »

Ces dix-huit prix furent proclamés, pour la première fois, le 9 août 1758.

La même année, l'assemblée de l'Université signala un abus des plus graves dans l'institution du concours. Aucune limite d'âge n'était fixée pour les concurrents, de sorte que des adolescents, des hommes faits même disputaient en sixième des prix de thème et de version à des enfants de douze ans.

Un arrêt du 22 juin 1757 prescrivit aux principaux d'éviter toute disproportion trop considérable dans l'âge des concurrents, mais comme l'arrêt ne précisait rien, il resta, pendant longtemps encore, à l'état de lettre morte.

Un autre abus non moins regrettable résultait de l'absence de dispositions pour répartir proportionnellement le nombre des concurrents. Le professeur envoyait tous ceux de ses élèves qui lui paraissaient capables, et il n'était pas rare de voir un prix disputé par quinze élèves d'un collége, tandis qu'un autre n'avait pu en envoyer que trois ou quatre. Ce ne fut qu'en 1785 que ces deux points furent fixés, le premier, par un arrêt du parlement, le second par un règlement du recteur.

En ce qui concerne l'âge, l'arrêt du parlement ne changea rien en rhétorique : les élèves restèrent seulement divisés en vétérans et en nouveaux.

L'article 2 fixa ainsi la limite pour les autres classes :

« Aucun écolier ne pourra être admis aux compositions, si au jour de Saint-Rémi (1er octobre) précédant lesdites compositions, il a atteint, savoir, en sixième, l'âge de douze ans accomplis; en cinquième, treize ans, etc., et en seconde, l'âge de seize ans accomplis. »

Quant au nombre des concurrents, il fut ainsi déterminé :

« En chaque classe au-dessous de la rhétorique, il ne sera jamais admis aux compositions plus de huit écoliers d'un seul et même collége, mais en rhétorique, lorsqu'il y aura des vétérans, le nombre pourra être porté jusqu'à douze, et ne pourra jamais l'être au delà. »

Ces dispositions ne devaient pas tarder à

être interrompues, car la Révolution approchait et les listes des prix en portèrent bientôt la trace. Celle de 1790 est encore rédigée en latin et précédée de la formule consacrée en 1747, mais les fleurs de lis sont supprimées dans les ornements de la première page. Cette année-là aussi le discours d'usage est encore prononcé en latin, mais c'est le dernier.

En 1791, la liste des prix n'a plus de vignette au frontispice, et la formule initiale est en français, avec cette épigraphe :

Dieu, la nation, la loi, le roi.

En 1792, l'épigraphe elle-même est supprimée.

Quant à la distribution de 1793, elle eut une physionomie toute particulière et qui peint bien l'état des esprits à cette époque.

Elle eut lieu dans la salle des Jacobins en présence d'un grand nombre « de citoyens et de citoyennes. » Le citoyen Defourny, ingénieur, président du département, adressa aux lauréats une allocution qui commençait ainsi :

« Enfants de la patrie, le jour de gloire est arrivé : au bruit des acclamations des citoyens et par la main des représentants de la nation, vos talents vont être couronnés.... Enfants de la patrie, vous êtes les derniers qui aurez eu le malheur de ne développer vos talents qu'au milieu des préjugés.... Vous qui sucez chaque jour dans l'histoire des héros antiques le lait de la liberté, etc. »

Il annonça ensuite que, en vertu d'un décret de la Convention, chaque lauréat allait recevoir avec son prix une couronne de chêne et un exemplaire de la Constitution.

Après lui, le citoyen Crouzet, principal du collége du Panthéon (Montaigu), récita un poëme français sur la liberté. Le citoyen Boucher Saint-Sauveur s'engagea à demander à la Convention que ce poëme fût imprimé aux frais de la nation et envoyé dans toute la République, ce qu'il fit en effet, car la pièce existe, sortie des presses de l'imprimerie nationale. Enfin la liste des récompenses fut lue par René Binet, qui faisait les fonctions de recteur en vertu d'un arrêté de la municipalité du 21 mai 1791.

Cette fête universitaire devait rester sept ans sans avoir un lendemain. Ce ne fut qu'en 1800 qu'un arrêté du préfet de la Seine, Frochot, rétablit le Concours général, mais seulement entre les trois Écoles centrales de Paris, et pour les classes de dessin, de langues anciennes, de mathématiques, de physique et de belles-lettres. A la distribution des prix, qui eut lieu en 1801, il n'y eut point de composition latine : le premier prix de rhétorique fut obtenu par l'élève Ernest pour une composition française, mais dès l'année suivante, le discours latin reparut.

En 1803, quand les trois Écoles centrales et le Prytanée impérial eurent été transformés en lycées, le Concours continua entre ces quatre établissements et la première distribution eut lieu le 17 août 1805. Ce fut aussi en 1803 qu'on décerna pour la première fois le grand prix de l'Institut. C'était une distribution spéciale, proclamée dans une séance extraordinaire de l'Institut, où l'on donnait en même temps les grands prix de l'École spéciale de médecine, de l'École de peinture, sculpture et architecture, et du Conservatoire de musique. Elle était accordée au lauréat qui avait obtenu le plus de succès au Concours général. Ce prix fut supprimé en 1809, après avoir été successivement obtenu par les élèves Zoé Ducros, Jos. Vict. Leclerc, Nau de Champlouis et Ant. Glandaz.

Le règlement de 1805 présente la distribution suivante des classes et des Facultés admises au concours.

Belles-lettres : discours latin, discours français, vers latins, version latine, version grecque.

Première et seconde classes de langues anciennes : version latine, thème latin, vers latins, version grecque, histoire.

Troisième classe : version latine, thème latin, version grecque.

Quatrième, cinquième et sixième classes : version latine, thème latin.

La cinquième et la sixième classe étaient réunies.

Mathématiques transcendantes, mathématiques et physique. Six classes réunies deux par deux.

La distinction des vétérans et des nouveaux est maintenue en rhétorique, et chaque Faculté peut avoir au plus deux prix et six accessits.

Ce programme a subi presque chaque année des modifications, du moins à ses débuts ; nous négligerons toutes ces complications de détail, pour indiquer simplement les faits principaux.

En 1808, le discours français du lauréat de rhétorique (Armet, lycée Charlemagne) fut lu publiquement avant la distribution.

A partir de 1809, la cérémonie, faite jusque-là dans l'ancienne église de l'Oratoire ou dans celle des Petits-Pères ou au Panthéon, eut lieu dans la salle des séances publiques de l'Institut, et sous la présidence du grand maître de l'Université. Cette année aussi, un arrêté du conseil de l'Université, régla l'âge des concurrents, mais cet arrêté ne fut point définitif et après plusieurs tâtonnements, on est arrivé enfin aujourd'hui au résultat suivant :

Nul n'est admis à concourir s'il n'a suivi les leçons du professeur de sa classe au moins depuis le 1er janvier.

Peuvent être admis à concourir les élèves qui n'ont pas dépassé, au 1er janvier précédent :

En sixième : treize ans révolus ;
En cinquième : quatorze ;
En quatrième : quinze ;
En troisième : seize ;
En seconde : dix-sept ;
En rhétorique : dix-huit pour les nouveaux et dix-neuf pour les vétérans ;
En philosophie et mathématiques élémentaires, vingt ;

En mathématiques spéciales : vingt et un ans.

Le nombre des concurrents fut fixé à huit, et plus tard à dix, pour les classes de grammaire ; à dix pour les classes d'humanités et de mathématiques ; à quinze (dix nouveaux et cinq vétérans) pour la rhétorique ; à cinq, puis à dix, puis à six, et enfin à dix pour la philosophie, qui fut admise pour la première fois au concours en 1810.

Quand une classe a plusieurs divisions, elle peut envoyer six élèves par division, s'il y en a deux, et cinq, s'il y en a davantage.

Les classes de rhétorique peuvent envoyer en outre huit vétérans et si elles ont deux deux divisions, quatre par division, et pour le cas ou l'une des deux ne pourrait pas en envoyer quatre, le nombre huit serait complété par des vétérans de l'autre division.

Il en est de même dans la classe de philosophie pour les élèves déjà inscrits à l'École de droit ou candidats à l'École normale et suivant une partie de l'enseignement de la rhétorique et qui n'assistent qu'aux leçons littéraires de leur classe.

Ces élèves sont admis à concourir comme vétérans, quelques nominations qu'ils aient obtenu l'année précédente, mais pour avoir un prix, ils doivent mériter une des deux premières nominations et une des huit premières pour un accessit.

L'élève qui a obtenu un prix au Concours de l'année précédente, ne peut concourir pour le même prix dans la même classe.

Celui qui a obtenu deux prix ou un prix et deux accessits, ne peut concourir pour aucun prix dans la même classe. Peuvent concourir comme vétérans les élèves qui, ayant fait leur rhétorique dans un lycée ou dans un collége de département, sont entrés dans un lycée ou collége de Paris ou de Versailles avec l'âge de la vétérance.

Sont aussi admis à concourir comme vétérans ceux qui sont entrés en rhétorique avec l'âge de la vétérance, à condition qu'ils comptent comme vétérans pour les compositions du lycée dont ils font partie.

La distribution de l'année 1810 est remarquable à double titre. On commença par y proclamer le nom de Luce de Lancival, qui avait obtenu le prix des discours latins prononcés par tous les professeurs de rhétorique de Paris à l'occasion du mariage de Napoléon avec Marie-Louise. Ensuite, pour la première fois, depuis 1790, le discours d'usage fut de nouveau prononcé en latin, et il n'a pas cessé de l'être depuis.

En 1815, comme les études avaient souffert des agitations politiques qui s'apaisaient à peine à la fin de l'année classique, un arrêté du conseil de l'Université, en date du 11 juillet, décida qu'il n'y aurait point cette année de Concours général.

L'année 1818 fut marquée par l'introduction d'une nouvelle Faculté, l'histoire, et par la loi qui établit en droit l'exemption du service militaire pour les lauréats du prix d'honneur : cette exemption n'avait été jusque-là qu'une faveur individuelle sans aucune consécration légale.

Un arrêté du 18 juin 1819 associa le collége royal de Versailles au concours des colléges royaux de Paris.

La philosophie n'avait qu'une seule composition : les élèves traitaient le sujet en latin ou en français, à leur choix. Un arrêté du 31 octobre 1820, sous l'administration de M. Frayssinous, établit deux compositions, une en latin, l'autre en français, et attacha à la première le titre de prix d'honneur comme en rhétorique. En 1830, un arrêté du 11 septembre maintint le prix d'honneur de philosophie, mais il enleva ce titre à la dissertation latine pour l'attacher à la composition française.

Voici la liste des élèves qui ont successivement obtenu ce prix :

1821. Lemaire (P. A.), de Triaucourt. Saint-Louis.

1822. Renouard de Bussière (J. E.), de Paris. Louis-le-Grand.

1823. Carette (A. A.), de Paris. Saint-Louis.

1824. Duchesne (J. E.), de Nancy. Saint-Louis.

1825. De Boureuille (L. G.), de Pontoise. Versailles.

1826. Legras (F.), de Paris. Henri IV.

1827. Boré (E.), d'Angers. Stanislas.

1828. Alfaro (N. A. M.), de Carthagène. Bourbon.

1829. Chailan (J.), de Tartonne. Bourbon.

1830. Guépin (L.), d'Angers. Bourbon.

1831. Bertereau (A. A.), de Paris. Louis-le-Grand.

1832. Ravaisson (J. G. F.), de Namur. Rollin.

1833. Dulamon (F.), de Mont-de-Marsan. Stanislas.

1834. Huet (F.), de Villeau. Stanislas.

1835. Braulard (P. A.), de Paris. Versailles.

1836. Taillandier (R. G. E.), de Paris. Charlemagne.

1837. Cloquet (L. A. E.), de Paris. Versailles.

1838. Chamblain (G. N. G.), de Melun. Henri IV.

1839. Javary (L. A.), de Paris. Saint-Louis.

1840. Girard (J. N.), de la Pointe-à-Pitre (Guadeloupe). Bourbon.

1841. Burnouf (L. E.), de Valognes. Saint-Louis.

1842. Fresneau (A.), de Rennes. Bourbon.

1843. De Dreuille (L. F. G.), de Saint-Hilaire. Rollin.

1844. Blandin (M. A. A.), d'Orgelet. Charlemagne.

1845. Caro (E. M.), de Poitiers. Stanislas.

1846. Berthelot (M. P. E.), de Paris. Henri IV.

1847. Weiss (J. J.), de Bayonne. Louis-le-Grand.

1848. About (E. F. V.), de Dieuze. Charlemagne.

1849. Prévost-Paradol (L. A.), de Paris. Bonaparte.

1850. Bellin (E.), de Corvol l'Orgueilleux. Louis-le-Grand.

1851. Bernès (P. M. E.), de Mirande. Rollin.

1852. Perrot (G.), de Villeneuve-Saint-Georges. Charlemagne.

1853. Babut (Ch. E.), de Paris. Bonaparte.

1854. Hervé (A. M. E.), de Saint-Denis (île Bourbon). Napoléon.

1855. Desdouits (T. L. M.), de Paris. Bonaparte.

1856. Monginot (L. E. A.), de Paris. Napoléon.

1857. Ruffin (J. A.), de Paris. Bonaparte.

1858. Herbault (H. A.), de Poitiers. Charlemagne.

1859. Thiroux (R. A.), de Villemomble. Charlemagne.

1860. Waltz (A.), de Colmar. Charlemagne.

1861. Martin (L. A.), de Paris. Bonaparte.

1862. Renack (A.), de Paris. Saint-Louis.

1863. Maréchal (E. H.), de Soissons. Charlemagne.

1864. De Broglie (L. A. V.), de Rome. Bonaparte.

1865. Dietz (J. F.), de Mâcon. Charlemagne.

En 1821, un nouveau concurrent entra dans la lice : ce fut le collége royal récemment fondé pour remplacer Harcourt et qui prit le nom de Saint-Louis. Enfin l'année suivante, le concours s'ouvrit aussi pour les élèves des deux institutions de MM. Nicole et Liautard, qui venaient d'être érigées en colléges particuliers, et qui sont aujourd'hui les colléges Rollin et Stanislas.

Ces accroissements répétés exigèrent un agrandissement de local tant pour les compositions que pour la distribution des prix. Les premières avaient eu lieu jusqu'alors en divers endroits : dans la grande salle des Bernardins, au collége Charlemagne, au collége des Irlandais, pour les lettres ; à l'amphithéâtre du Jardin des Plantes pour les sciences ; quant à la distribution, elle se faisait, comme on le sait, dans la salle des séances de l'Institut. L'abbé Nicolle, alors recteur, fit construire à la Sorbonne, la grande salle où les prix ont été distribués à dater de 1822, et les deux salles où l'on a fait les compositions depuis 1823.

Jusque-là, les sciences, bien que formant une spécialité distincte, n'avaient pas eu de récompense exceptionnelle. En 1835, sous le ministère de M. Guizot, un arrêté du 5 juin créa en leur faveur un prix d'honneur qui fut affecté à la classe de mathématiques spéciales, et proclamé après les prix de la philosophie et avant ceux de la rhétorique.

Voici la liste des élèves qui l'ont mérité depuis cette époque :

1835. Tavernier (H. J. J.), de Lyon. Louis-le-Grand.
1836. Cachon (J. L. P.), d'Aubenas. Louis-le-Grand.

1837. Harlé (C. E.), d'Aizecourt-le-Haut, Louis-le-Grand.

1838. Voisin (F. P.), de Versailles. Versailles.

1839. Giraud (A. E.), d'Aubenas. Charlemagne.

1840. Berthomier-Desprost (A. T. A.), de Montluçon. Louis-le-Grand.

1841. Jallibert (A.), d'Arras. Bourbon.

1842. Verdet (M. E.), de Nîmes. Rollin.

1843. Roger (L. E.), de Nîmes. Saint-Louis.

1844. Mesnard (A. N.), de Paris. Charlemagne.

1845. Coullard-Descos (A. E.), de Paris. Louis-le-Grand.

1846. Lebleu (L. A.), de Belfort. Louis-le-Grand.

1847. Caron (J.), de Gien. Saint-Louis.

1848. Serret (P. J.), d'Aubenas. Monge.

1849. Lecomte du Colombier (P. M.), de Paris. Bonaparte.

1850. Guéry (L.), d'Epinal. **Louis-le-Grand**.

1851. Revel de Bretteville (G. A.), de Sainte-Honorine du Tay. Bonaparte.

1852. Pas de 1er prix. — 2e, Barjou (J.), de Gontaud. Saint-Louis.

1853. Peyrot (A.), de Limoges. Saint-Louis.

1854. Amoretti (E. M.), de Moscou. Versailles.

1855. Soyer (C. V. J. B.), d'Orléans. Saint-Louis.

1856. Mondollot (A. A.), de Paris. Charlemagne.

1857. Godart (C. M. A.), de Saint-Mihiel. Louis-le-Grand.

1858. Bénard (L. V.), de Thoiry. Louis-le-Grand.

1859. Perrin (F. O. R.), de Paris. Rollin.

1860. Fabre (J. A. L.), de Limoges. Saint-Louis.

1861. Bouxin (F. E.), de Chaudion. Louis-le-Grand.

1862. Achard (M. A.), de Lesparre. Charlemagne.

1863. De Pistoye (L. C. H.), de Paris. Saint-Louis.

1864. Lambert (E.), de Paris. Louis-le-Grand.

1865. Tronsens (E. L.), de Douai. Rollin.

En 1838, un arrêté du 1er juin établit la distinction de vétérans et de nouveaux pour l'histoire en rhétorique.

La même année, on essaya de réunir tous les colléges royaux de France dans un Concours général : tous reçurent les mêmes sujets de composition que les colléges de Paris. Le prix d'honneur de philosophie fut remporté par M. Gustave Vapereau, le futur auteur du *Dictionnaire des Contemporains* et de l'*Année littéraire*. Mais l'exécution parut présenter de sérieuses difficultés, et le concours ne fut pas renouvelé l'année suivante.

La durée des compositions avait varié souvent, et elle avait même été parfois très-arbitraire surtout dans les premières années qui avaient suivi le rétablissement du concours. On avait vu des concurrents admis, par tolérance, à composer non-seulement tout le jour, mais même jusqu'à une heure avancée de la soirée. Après de nombreux règlements et de fréquentes variations, on détermina enfin, en 1840, d'une manière définitive, le temps affecté à chaque composition.

Toutes les compositions commencent à sept heures du matin.

Les compositions suivantes finissent à cinq heures :

Classe de mathématiques spéciales. — Mathématiques ;
Classe de philosophie. — Dissertation française ; dissertation latine ; histoire ;
Classe de mathématiques élémentaires. — Mathématiques ; cosmographie ; mécanique ;
Classe de rhétorique. — Discours latin ; discours français.

Les compositions suivantes finissent à trois heures :

Classe de mathématiques spéciales. — Physique et chimie ;
Classe de philosophie. — Mathématiques ; physique et chimie ;
Classe de mathématiques élémentaires. — Physique ; chimie ; histoire ;

Classe de rhétorique. — Version latine; version grecque; géométrie et cosmographie;

Classe de seconde. — Narration latine; vers latins; histoire et géographie; mathématiques; histoire naturelle;

Classe de troisième. — Vers latins; histoire et géographie; mathématiques;

Langues vivantes. — Thème et version réunis.

Les compositions suivantes finissent à une heure :

Classe de seconde. — Version latine; version grecque;

Classe de troisième. — Thème latin; version latine; version grecque;

Classe de quatrième. — Thème latin; version latine; version grecque; histoire.

Les élèves ne peuvent, même après avoir remis leur copie, quitter la salle de composition avant l'heure de la clôture. Toutefois pour les compositions qui finissent à cinq heures ou à trois heures, ceux qui en font la demande peuvent être autorisés à se retirer à une heure.

Enfin, dans ces dernières années, le Concours général a subi de nouvelles modifications.

Un décret du 28 mai 1864 a de nouveau appelé les lycées et colléges des départements à cette lutte d'ensemble, inutilement tentée en 1838. Ce décret a établi deux concours : l'un entre les élèves des lycées et colléges de chaque académie, l'autre entre les lauréats du premier. Les compositions sont au nombre de cinq : philosophie, mathématiques, discours latin, histoire et rhétorique. On y a ajouté, l'année suivante, les mathématiques spéciales (13 février).

Parmi les lauréats du second concours, ceux qui méritent la première place dans les Facultés pour lesquelles un prix d'honneur est institué au Concours général de Paris, reçoivent un grand prix appelé *prix de l'Empereur*, et jouissent des mêmes avantages que le prix d'honneur.

Ce décret fut mis immédiatement à exécution, et jusqu'à présent les lauréats ont été les suivants :

Philosophie.

1864. Richard (G.), du lycée de Poitiers.

1865. Tannery (J.), du lycée de Caen.

Mathématiques spéciales.

1865. Recoq (J.), du lycée de Montpellier.

Mathématiques élémentaires.

1864. Lefranc (A.), du lycée de Lyon.
1865. Tannery (J.), du lycée de Caen.

Discours latin.

1864. Espérandieu (Ed.), du lycée de Nîmes.
1865. Gouillard (F.), V. du lycée de Nantes.

De plus, une décision du 18 juin 1864, sans assimiler le prix d'histoire en rhétorique au prix d'honneur, a stipulé cependant qu'il assurerait au lauréat la dispense des frais d'études dans les diverses Facultés.

Enfin, un arrêté du 13 février 1865 a créé un prix de mathématiques pour la classe de troisième, et cette année, pour la première fois, le concours des langues vivantes entre les élèves du cours facultatif supérieur des lycées et colléges de Paris et de Versailles, a figuré à la distribution des prix du Concours général.

Les compositions ont lieu au chef-lieu de l'Académie de Paris, dans les salles du bâtiment situé rue Gerson, derrière la Sorbonne. Elles sont présidées par un inspecteur de l'Académie de Paris, assisté de quatre professeurs choisis parmi ceux de la classe appelée à composer.

A l'heure indiquée, chaque élève, au moment où il est appelé, remet à l'un des surveillants son billet d'admission délivré par le professeur de sa classe et visé par le proviseur. L'appel terminé, aucun élève n'est plus admis.

Les élèves sont placés dans l'ordre suivant :

Un élève du lycée impérial Louis-le-Grand ;
Un élève du lycée impérial Napoléon ;
Un élève du lycée impérial Charlemagne ;
Un élève du lycée impérial Bonaparte ;
Un élève du lycée impérial Saint-Louis ;

Un élève du collége Rollin;
Un élève du collége Stanislas.

Les sujets de composition sont donnés par le Ministre de l'instruction publique. Le président du concours décachette, en présence des élèves, l'enveloppe renfermant le sujet de composition qui est ensuite dicté par un des professeurs chargés de la surveillance.

Les élèves ne doivent avoir aucun cahier ni aucun livre, excepté les dictionnaires autorisés pour l'usage des classes et les tables de logarithmes.

Il est distribué aux élèves pour écrire leurs compositions des feuilles de papier uniformes. Chaque feuille a une tête imprimée où l'élève doit écrire ses nom et prénoms, le lieu et la date de sa naissance, le nom de l'établissement auquel il appartient, la classe dont il fait partie et le nom de son professeur, s'il est interne ou externe libre ou élève d'une pension, et de quelle pension; en rhétorique et en philosophie, s'il est nouveau ou vétéran. On ne doit rien écrire au verso de cet en-tête.

A la fin de la composition le président, à qui la copie a été remise, coupe la bande de papier contenant les indications ci-dessus, il y inscrit un numéro et une devise composée de trois mots qui sont répétés au bas de la copie. Les bandes sont ensuite renfermées dans une enveloppe cachetée avec un sceau particulier remis à cet effet par le vice-recteur.

Il est ensuite dressé procès-verbal par le président en présence des professeurs surveillants qui le signent avec lui. Ce procès-verbal est renfermé avec les copies et les bandes dans une boîte scellée, sur laquelle on inscrit la classe, le genre et la date de la composition, et qui est immédiatement remise au vice-recteur.

L'examen des compositions se fait au chef-lieu de l'Académie par des commissions formées par le Ministre sur la proposition du vice-recteur. Les membres de ces commissions déclarent sur leur honneur n'avoir eu aucune connaissance des compositions et signent cette déclaration. Ils doivent garder le silence le plus absolu sur les opérations de la commission.

Le président de chaque commission ouvre devant les examinateurs la boîte contenant les copies et les noms; l'enveloppe renfermant les noms est remise sur-le-champ au vice recteur.

Lorsque l'examen ne peut être terminé dans une séance, les copies sont renfermées dans la boîte qui est scellée au cachet du président et renvoyée au vice-recteur. La clef reste entre les mains du président.

Les examinateurs assignent les places en énonçant les numéros et les devises que portent les copies. Ils dressent procès-verbal de leurs opérations et renferment le tout dans une boîte scellée du cachet du président, qui est remise au vice-recteur.

L'ouverture des procès-verbaux et des bulletins correspondant aux copies désignées pour les nominations se fait à la Sorbonne l'avant-veille de la distribution des prix, sous la présidence du vice-président du Conseil impérial de l'instruction publique, assisté du vice-recteur et des inspecteurs de l'Académie.

Les résultats constatés sont tenus secrets.

Il y a pour chaque composition deux prix et huit accessits.

Dans les classes de rhétorique et de philosophie, le nombre des nominations est augmenté en raison de celles qui sont obtenues par les vétérans.

Depuis la fondation de l'Université impériale jusqu'à ce jour, on compte 134 prix d'honneur : 60 pour la rhétorique, 44 pour la philosophie et 30 pour les mathématiques.

Ils se répartissent ainsi entre les lycées et les colléges :

	Rhétorique.	Philosoph.	Mathémat.	Total.
Charlemagne .	18	9	4	31
Louis-le-Grand	10	4	11	25
Napoléon . . .	17	5	»	22
Bonaparte. . .	8	11	3	22
Saint-Louis. .	3	5	7	15

Rollin.....	2	3	4	8
Versailles...	1	3	2	6
Stanislas...	1	4	»	5

En 1850, les trois prix d'honneur furent remportés par la seule institution Sainte-Barbe. Pour consacrer la mémoire de ce triomphe exceptionnel, on a placé dans le parloir de cette maison un tableau représentant les trois lauréats : Lachelier, avec l'uniforme de Sainte-Barbe; Guéry, en costume d'élève de l'École polytechnique, et Belin, avec les palmes de normalien.

Quatre élèves ont obtenu successivement le double prix d'honneur de rhétorique et de philosophie. Ce sont MM. Huet, élève du collége Stanislas (1833 et 1834); Julien Girard, l'un de nos professeurs les plus distingués (1839 et 1840); Blandin, mort tout jeune, élève de l'École normale (1843 et 1844), et enfin Dietz, qui a obtenu le prix d'honneur de philosophie, après avoir eu deux fois de suite celui de rhétorique, comme nouveau et comme vétéran (1863, 1864 et 1865).

Le prix d'honneur jouit, comme on le sait, d'importants priviléges. Il exempte de la conscription et assure la gratuité des inscriptions et des examens dans les diverses Facultés. De plus, les lauréats dînent, chaque année, le soir même de la distribution des prix du grand concours, à la table du Ministre de l'instruction publique.

Le Concours général, comme institution, a été discuté plus d'une fois, et par des esprits éminents : on lui a reproché notamment d'exalter l'orgueil de quelques médiocrités heureuses, et de nuire aux études du plus grand nombre en concentrant les soins des professeurs sur quelques sujets d'élite. Non-seulement ces griefs nous paraissent peu fondés, mais il est certain que, s'ils existaient, ils seraient largement compensés par l'émulation puissante qui résulte de cette lutte, pour les élèves et pour les maîtres.

C'est du reste une instructive épreuve, qui, chaque année, montre, pour ainsi dire, à la société, les hommes sur lesquels elle pourra compter plus tard. Sans doute, il y en a bien d'autres en dehors de ce groupe de privilégiés ; sans doute aussi, parmi ces lauréats eux-mêmes, plusieurs disparaissent le lendemain pour toujours, soit pour s'enfermer dans l'obscurité volontaire d'une vie paisible, soit parce qu'en réalité ils n'étaient faits que pour les succès scolaires. Mais, sans vouloir exagérer l'importance de ces premières luttes, nous pouvons du moins constater que, plus d'une fois, ces triomphes n'ont pas été un vain présage : les trois listes qui précèdent en sont la preuve.

Elles sont loin pourtant de contenir tous les noms qui ont droit à figurer dans les annales du Concours général, et il serait vraiment injuste de ne parler ici que des prix d'honneur. Aussi ne voulons-nous point terminer ce travail sans indiquer au moins les principaux noms, parmi ceux qui ont figuré, depuis le commencement du siècle, dans ces glorieuses archives.

Alaux, Alexandre, Alloury, Ampère, Ancel, Paul Andral, Anquez, Asselineau, Alfred

Assolant, d'Audigier, Émile Augier, duc d'Aumale.

Bachelet, Barbet-Massin, Baroche, Barthe, Jules Bastide, Évariste Bavoux, Ch. Baudelaire, F. Baudry, Élie de Beaumont, de Beauverger, Bellaguet, Belot, Étienne Béquet, Bertin, Bétolaud, Beulé, Bignan, Auguste Blanqui, de Blignières, Boiteau, Bonnemère, Bouillet, Boutan, Auguste Bravais, de Broglie, Buffet, Bureaux de Pusy, Alf. Busquet, Busson-Billault.

Caboche, Cadet-Gassicourt, de Calonne, Caruel de Saint-Martin, Ét. Catalan, Challemel-Lacour, Charma, duc de Chartres, Chatard, Clamageran, Claveau, Cocheris, Colincamp, Cornudet, Coupvent-Desbois, Crémieux, Crépet, Crisafulli, Crouslé, Cucheval-Clarigny.

Danton, Paul Darblay, Dauban, Daveluy, Defauconpret, F. Delacroix, Delapalme, Casimir et Germain Delavigne, L. Delibes, Desains, Deschanel, Blaise Desgoffe, Desjardins frères, Jean Dolfus, Dottain, Dreyss, Dubief, Durozoir, Dutrey.

Egger, Eichhoff, d'Eichthal, Emond.

Farcy, Léon Feugère, Octave Feuillet, Fillias, Ch. Floquet, de Forcade la Roquette, Foucher de Careil, Adolphe Fould, Franck-Carré, Fustel de Coulanges.

Adolphe Garnier, Garsonnet, Gaucher, de Gaujal, Gaultier de Claubry, Gibon, Girod de l'Ain, Jules de Goncourt, Got, Goumy, Gratry, Guéneau de Mussy, Adolphe Guéroult, F. Guessard, Guigniault, François et Guillaume Guizot.

Ch. Habeneck, Léon Halévy, Hallberg, d'Harcourt, Hatzfeld, Hauréau, Havet, Héron de Villefosse, Hetzel, Victor Hugo, et ses deux fils Charles et Victor.

Amédée Jacques, Jauffret, Jeannel, Adolphe Joanne.

Alphonse Karr.

Labrouste, Louis Lacour, U. Ladet, Ladrange, Laffond-Ladébat, Léon Lalanne, Landrin, de Laveleye, Lebarbier de Tinan, Lefebure de Fourcy, André Lefèvre, Legouez, Legouvé, Legrelle, Lehugeur, Lejoindre (qui remporta la même année les deux premiers prix de mathématiques spéciales et de physique), Leplay, Lerminier, Lesieur, Levasseur, Le Verrier, Lherbette, Libert, Liouville, Littré, Fréd. Lock, Paul Lorain, de Luynes.

Jean Macé, Édouard Madier de Montjau, Magin, Magnin, Félicien Mallefille, Auguste Maquet, H. Meilhac, Meilheurat, de Melun, G. Merlet, P. Mesnard, Paul Meurice, Mézières, Michelet, de Missiessy, Mocquard, Paul de Molènes, Molliard, Monod, de Montalembert, duc de Montpensier, Alfred de Musset.

Gustave Nadaud, duc de Nemours, Nettement, Auguste et Désiré Nisard, Nompère de Champagny.

Paravey, Fréd. Passy, Patin, Pellat, H. de Pène, Pépin-Lehalleur, Pessonneaux, Alex. Pey, Adalbert Philis, Gustave Planche, Plocque, Poisson, de Pontmartin, de Ponton d'Amécourt, Poyard.

Jules et Louis Quicherat.

Rathery, Amb. Rendu, de Riancey. Rigault de Genouilly, Olinde et Hippolyte Rodrigues, Rosseeuw Saint-Hilaire, Rossignol, Camille Rousset, Rufz de Lavison.

Saint-Agnan Choler, Sainte-Beuve, Saint-Marc Girardin, Sallandrouze, de Salvandy, Sapey, Sarcey, Schérer, Scribe, de Sénarmont, de Sévelinges, Silvestre de Sacy, Sommer, Eudore Soulié, de Suckau.

Eug. Talbot, Ambroise Tardieu, Terré, Théry, Édouard Thierry, Trochu, Trognon, Turgan.

Louis Ulbach.

Vacquand, Vatout, Verdot, Véron, Jules Viard, Vierne, Viguier, Villemain, Villemeureux, Edm. Villetard.

Wolowski.

Zeller, Zevort.

APPENDICE.

APPENDICE.

(Page 13.)

EXTRAIT DU *RATIO STUDIORUM*.

Studiorum cura.

Cum ideo collegia et universitates societas amplectatur, ut in his nostri commode possint, et doctrina, ceterisque rebus, quæ ad adjuvandas animas conferunt, instrui, et, quæ didicerint ipsi, communicare cum proximis; post religiosarum et solidarum virtutum curam, quæ præcipua esse debet, illud maxime incumbat, ut finem hunc, quem in gymnasiis admittendis societas sibi proposuit, deo juvante, consequatur.

Tragœdiæ et comœdiæ.

Tragœdiarum et comœdiarum, quas non nisi latinas, ac rarissimas esse oportet, argumentum sacrum sit, ac pium, neque quicquam actibus interponatur, quod non latinum sit, et decorum; nec persona ulla muliebris, vel habitus introducatur.

Finis.

Feratur præceptoris peculiaris intentio, tum in lectionibus, cum se occasio obtulerit, tum extra eas, ad auditores suos ad obsequium et amorem Dei ac virtutum, quibus ei placere oportet, movendos, et ut omnia sua studia ad hunc finem referant.

Præfectus studentium.

Sit denique in omnibus, divina aspirante gratia diligens, et assiduus præfectus studentium, tum in lectionibus, tum in aliis litterariis exercitationibus studiosus : non uni se magis quam alteri familiarem attendat ; contemnat neminem, pauperum studiis æque ac divitum prospiciat, profectumque unius cujusque e suis scolasticis speciatim procuret.

Scholarum disputationes.

Consideret quando, qua ratione, et quo convenire debeant scholæ ad disputandum inter se : nec solum disputandi rationem ante præscribat, sed etiam, dum certatur, præsens ipse sedulo curet, ut fructuose, modeste, pacate gerantur omnia. Eodemque modo rhetorum et humanistarum declamationibus, seu prælectionibus, quas in gymnasio habere solent, intersit.

Academiæ.

Ad litterarias exercitationes altius imprimendas det curam, ut si rectori videbitur, in classibus non modo rhetoricæ humanitatis, sed etiam grammaticæ, academiæ instituantur in quibus, statutis diebus, certisque legibus quæ in fine libri habentur, vicissim prælegatur, disputetur, aliæque boni auditoris partes agantur.

Præmiorum numerus.

Rhetoricæ octo præmia proponentur, duo solutæ orationis latinæ, duo carminis, duo solutæ orationis græcæ, totidem græci carminis. Sed item plane ordine in humanitate, et in prima classe grammaticæ, relicto scilicet græco carmine, cujus infra rhetoricam fere non est usus. Quatuor deinceps in omnibus aliis inferioribus, relicto etiam latino carmine. Unus præterea, aut alter in singulis classibus, qui optime omnium christianam doctrinam recitaverit, prœmio donetur. Poterunt tamen, ubi ingens, aut parvus est numerus discipulorum, plura, vel pauciora dari, dummodo potior semper solutæ orationis latinæ ratio habeatur.

Præmiorum apparatus.

Constituto deinde die, quanto maximoque fieri poterit apparatu, et hominum frequentia, nomina victorum publice prononcientur, et in medium procedentibus præmia, cuique sua, honorifice dividantur. Si quis non aderit, nisi potestatem justis de causis, quæ rectori probentur, acceperit a præfecto, præmium vel optimo jure sibi debitum amittat.

Distributio.

Unumquemque victorem præco evocabit hoc fere modo : quod felix faustumque sit rei litterariæ, omnibusque nostri gymnasii alumnis, primum, secundum, tertium, etc., præmium solutæ orationis latinæ, græcæ ; carminis latini, græci, etc. meritus et consecutus est N. Tum victori tradat præmium, non fere sine aliquo ad rem maxime apposito carmine brevissimo, quod statim, si commode fieri possit, a cantoribus repetatur. Ad extremum addat idem præco, si qui proxime accesserint, quibus aliquid etiam, prœmii loco, dari licebit.

Gradus cujusque scholæ.

Scholæ omnes in suo se gradu contineant. De rhetorice quidem et humanitate dicetur seorsim ; grammaticæ vero tres scholæ esse debent, quibus ejusdem quidam quasi cursus absolvatur. Omnia proinde Emmanuelis præcepta tres in partes dividenda sunt, quarum singulæ singularum scholarum sint propriæ, ita tamen ut, in unaquaque classe, ea semper quæ in schola proxime inferiori tradita sunt, recurrantur, prout in cujusque magistri regulis judicabitur.

Corrigendæ quam plurimæ scriptiones.

Quotidie scriptiones singulorum a magistro corrigi oporteret, cum præcipuus et maximus inde fructus existat : si tamen multitudo non patiatur, corrigat quam plurimas potest, ita ut quos uno die discipulos præterit, altero vocet. Eam ob causam, diebus præ-. sertim, quibus carmina afferuntur, scriptiones aliquas æmulis emendandas dispertiat (quod quo commodius fiat, unusquisque non suum tantum, sed etiam æmuli nomen a tergo scriptionis inscribat), aliquas ipse magister pomeridiano tempore, dum memoriter recitatur, aliquas, si libuerit, domi corrigat.

Exercitationes inter corrigendum.

Exercitationes varias, dum scripta corrigit, pro scholæ gradu, modo hanc, modo illam imperet. Nulla enim re magis adolescentium industria quam satietate languescit.

Concertatio.

Concertatio quæ, vel magistro interrogante æmulisque corrigentibus, vel ipsis invicem æmulis percontantibus fieri solet, magni facienda et, quoties tempus permittit, usurpanda, ut honesta æmulatio quæ magnum ad studia incitamentum est, foveatur. Poterunt autem vel singuli vel plures ex utraque parte committi, præcipue ex magistratibus; vel unus etiam plures lacessere, privatus fere privatum petet, magistratus magistratum; privatus etiam interdum magistratum, ejusque dignitatem, si vicerit, sive aliud præmium, aut victoriæ signum consequi poterit, prout scholæ dignitas et locorum ratio postulabit.

Magistratus.

Magistratus eligendi, præmiisque etiam, si videbitur, afficiendi, nisi id alicubi in rhetorica minus necessarium videretur, singulis fere aut alternis mensibus ; ad eam rem semel soluta oratione, semel etiam, si videatur, in superioribus classibus, carmine, græceve scribant in schola, toto scholæ tempore, nisi in inferioribus melius videatur semi horam concertationi relinquere. Qui omnium optime scripserint, summo magistratu ; qui proxime accesserint, aliis honorum gradibus potientur : quorum nomina, quo plus eruditionis res habeat, ex græca romanave republica militiave sumantur. Duas autem fere in partes ad æmulationem fovendam schola dividi poterit, quarum utraque suos habeat magistratus alteri parti adversarios, unicuique discipulorum suo attributo æmulo. Summi autem utriusque partis magistratus primum in sedendo locum obtineant.

Academiæ.

Academias instituat, si rectori videbitur, ex regulis quæ propterea seorsim conscriptæ sunt, ad quas discipuli, maxime festis diebus, vitandi otii et malarum consuetudinum causa, conveniant. »

(Page 23.)

La haute société ne dédaignait pas d'assister à ces exercices, et les vers, narrations, discours ou thèses, prononcés dans ces circonstances, avaient quelquefois une importance réelle.

« Le vendredi 8 août (1681), M. le marquis de Louvois, fils aîné de M. le marquis de Louvois, ministre et secrétaire d'État, soutint un acte de toute la philosophie, au collége de Clermont. La thèse était dédiée au roi, qu'elle représentait fort au naturel. Au bout de la salle était élevé un dais, sous lequel on avait mis le portrait de ce grand prince. M. de Louvois, père de ce jeune répondant, et M. l'archevêque de Reims, son oncle, faisaient les honneurs de l'assemblée.

« Vous jugez bien qu'elle fut aussi nombreuse qu'illustre. M. le cardinal de Bouillon, M. l'archevêque de Paris, et tout ce qu'il y avait alors de prélats ici, furent témoins de cette action, aussi bien qu'un grand nombre de princes, ducs et pairs, maréchaux de France, ambassadeurs, conseillers d'État, et autres personnes qualifiées.

« Avant l'ouverture de la dispute, le soutenant fit une belle harangue en l'honneur du roi, et la prononça avec une grâce qui ne se peut exprimer. Après avoir fait connaître qu'il pouvait combattre avec confiance sous les auspices d'un prince à qui la victoire avait toujours obéi, il s'étendit fort sur sa modération. Il dit que cet illustre monarque avait mieux aimé se montrer digne de commander à toute la terre que d'en acquérir l'empire, et que préférant la gloire de rendre heureux tous les peuples à celle d'en triompher, il avait sans peine interrompu des conquêtes dont la suite aurait pu mettre en quelque péril la justice, l'innocence, la religion et les beaux-arts, qu'il avait toujours cherché à faire fleurir.

« Ce discours fini, M. l'abbé le Peletier, fils du conseiller d'État qui porte ce nom, ouvrit la dispute, avant laquelle il fit compliment au soutenant, sur les avantages de son illustre famille, qui a l'honneur de servir le roi dans les charges et dans les affaires les plus importantes de l'État, avec la fidélité et le succès qui est su de tout le monde.

« Ceux qui argumentèrent après lui furent : l'abbé de Lorraine d'Armagnac; M. l'abbé de Charost; M. de Croissy; M. l'abbé de Luxembourg ; M. le marquis de Villequier, fils aîné de M. le duc d'Aumont, et M. l'abbé de Vaubecourt. On ne peut répondre avec plus de netteté et de présence d'esprit que ne le fit M. de Louvois pendant deux heures. »

(*Mercure de France*, 1681.)

(Page 31.)

La prospérité de Louis-le-Grand se soutint pendant les deux premiers tiers du dix-huitième siècle, et le collége continua à jouir pleinement de la faveur royale, dont il se montrait d'ailleurs hautement reconnaissant.

« *Fêtes à Louis XV, pour le rétablissement de la santé du roi.*

« Le sieur Campa, maître de musique du collége de Louis-le-Grand, a donné plus de six fois, en différentes églises, de la musique qui ne peut être trop répétée. Le 11 août, son *Te Deum* fut chanté au collége de Louis-le-Grand, et suivi de l'*Exaudiat;* le soir, on tira dans la grande cour un feu d'artifice qui dura longtemps et fut fort beau. La cour fut entièrement illuminée, toute vaste qu'elle est, ainsi que toute la façade du bâtiment qui donne sur la rue Saint-Jacques, qui est d'une grande étendue.

« Au fond de la cour, on lisait distinctement en lettres d'or, sur une toile transparente, cette inscription :

« *Restitutam salutem publicam Ludovico quinto gratulatur collegium Ludovici Magni.*

« On distribua au peuple du vin en très-grande abondance. Plusieurs jeunes seigneurs, pensionnaires du collége, se sont distingués par des illuminations qu'ils ont faites à leurs fenêtres, surtout MM. de Tonnay-Charente, de Vassi, de Nicolaï, de Rochechouart et de Léon.

« Deux jours avant les réjouissances qui ont été faites au collége de Louis-le-Grand, où étudie M. le duc de la Trémouille, premier gentilhomme de la chambre de Sa Majesté, ce jeune seigneur, chagrin de ne pas rencontrer chez les artificiers ce qu'il souhaitait pour exprimer la joie extrême dont il a été pénétré à l'heureux retour de la santé du roi, écrivit, du collége, une lettre à M. le maréchal de Villeroy, sur la rareté des artifices, et joignit à cette lettre ces vers, également naïfs et fins :

« AU ROI.

« La poudre est plus rare à présent
« Mille fois que l'or et l'argent.
« Pour faire feu joyeux et mainte pétarade,
« J'ai couru tout Paris en cherchant pots à feu,
« Trombes, gerbes, soleils : j'en ai trouvé bien peu,
« Et suis très-fatigué de cette promenade.
« Eh! de grâce, Louis, ne soyez plus malade! »

« Cette plainte parut mal fondée, le jour du feu d'artifice qu'il fit tirer dans la cour du collége, sur un échafaud élevé de trois pieds. Sur cet échafaud, trois colonnes de feuillages, le tout bien garni de fusées et de saucisses ; sur la colonne du milieu paraissaient les armes de M. le duc de la Trémouille; aux deux côtés du feu, il y avait deux tonneaux de vin qui était versé au peuple, avec de grandes cuillers, par deux hommes vêtus en satyres, qui ne s'oubliaient pas eux-mêmes dans cette distribution. Aux fenêtres de la chambre de ce jeune duc, six hautbois, des trompettes et des timbales, tous excellents, jouèrent les airs les plus gais pendant toute la fête. On servit, dans cette chambre, un ambigu accompagné de toutes sortes de vins et de liqueurs. »

(*Mercure de France*, 1721.)

(Page 36.)

Cette réunion amena la suppression de vingt-six colléges, etc.

Voici une note sommaire sur chacun de ces colléges.

1. — *Collége d'Arras.*

Il fut fondé, en 1327, par Nicolas le Candrelier, abbé de Saint-Waast d'Arras, rue Chartière, près le Clos-Bruneau, puis transféré rue d'Arras, vis-à-vis le collége du cardinal Lemoine. — Quatre bourses.

2. — *Collége d'Autun.*

Il fut fondé, en 1341, rue Saint-André-des-Arcs, par le cardinal Bertrand d'Annonay, et doté plus tard par Oudard de Moulins, président de la Chambre des comptes, et par André de Sazea, évêque de Bethléem. — Quinze bourses.

3. — *Collége de Bayeux.*

Il fut fondé, en 1308, rue de la Harpe, par Guillaume Bonet, évêque de Bayeux. Il admettait, concurremment avec les théologiens, des étudiants en droit et en médecine. — Douze bourses.

4. — *Collége de Boissy.*

Il fut fondé, en 1358, par Geoffroy Vidé, chanoine de Chartres et clerc du roi Jean, puis doté ensuite par deux de ses principaux : Michel Chartier et Guillaume Hodey. D'après la volonté formelle du fondateur, les boursiers devaient être exclusivement des enfants pauvres et de basse extraction, comme il l'était lui-même. — Sept bourses.

5. — *Collége des Bons-Enfants.*

Il fut fondé, en 1257, rue Saint-Victor, par Étienne Berot et Renold Cherey, et doté par Jean Pluyette. — Neuf bourses.

6. — *Collége de Bourgogne.*

Il fut fondé, en 1331, rue des Cordeliers, sur l'emplacement de l'École de médecine, par la reine Jeanne de Bourgogne, veuve de Philippe le Long. Par son testament, elle affecta à cet établissement le prix de son hôtel de Nesles. — Vingt bourses.

7. — *Collége de Cambrai.*

Il fut fondé, en 1346, sur l'emplacement du Collége de France, par Guy d'Auxerre, évêque de Cambrai, qui l'établit dans sa propre maison. Comme il fut secondé dans cette œuvre par l'archevêque de Rheims, Hugues d'Arcy, et par Hugues de Pomare, évêque d'Autun, on appelait aussi cet établissement le collége des Trois-Évêques. — Six bourses.

8. — *Collége des Cholets.*

Il fut fondé, en 1291, rue Saint-Étienne-des-Grès, par le cardinal Cholet, du titre de Sainte-Cécile, légat du saint-siége, ou plutôt par ses exécuteurs testamentaires, qui affectèrent à cet usage la somme de 6000 livres, laissées par lui pour la guerre contre le roi Pierre d'Aragon. — Seize bourses.

9. — *Collége de Cornouailles.*

Il fut fondé, en 1317, rue du Plâtre-Saint-Jacques, par Galeran Nicolaï, dit de Grève, clerc breton, et doté plus tard par Jean de Guistry, maître ès arts et en médecine, du diocèse de Cornouailles, par son principal du Pontois, et par un chanoine de Notre-Dame, Valot, conseiller au parlement. — Dix bourses.

10. — *Collége de Dainville.*

Il fut fondé, en 1380, rue des Cordeliers, aujourd'hui rue de l'École-de-Médecine, au coin de la rue de Harpe, par les frères de Dainville, Michel, archidiacre et conseiller du roi, Gérard, maître d'hôtel du roi, et Jean, évêque de Cambrai. — Quatorze bourses.

11. — *Collége des Dix-Huit.*

Il fut fondé, en 1180, sur l'emplacement du dôme de la Sorbonne, par Josse de Londres, chanoine de l'église de Paris. On l'appelait aussi collége de Notre-Dame. En raison de son antiquité, on a voulu y voir le dernier vestige de l'école épiscopale qui a été, selon quelques auteurs, le berceau de l'Université de Paris. — Dix-huit bourses.

12. — *Collége de Fortet.*

Il fut fondé, en 1397, rue des Sept-Voies, par Pierre Fortet, chanoine de Paris. Il fut le berceau de la Ligue, et ce fut dans les réunions qui s'y tinrent que le gouvernement révolutionnaire des *Seize* fut organisé. — Seize bourses.

13. — *Collége de Hubant.*

Il fut fondé, en 1336, près de la rue de la Montagne-Sainte-Geneviève, par Jean Hubant, clerc conseiller du roi, et président de la Chambre des comptes. On l'appelait aussi collége de l'*Ave Maria*. Dans l'intention du fondateur, il était destiné à des enfants de moins de seize ans, parce que c'est alors, disait il, qu'ils commencent à tourner à mal. — Six bourses.

14. — *Collége de Justice.*

Il fut fondé, en 1329, rue de la Harpe, entre l'hôtel de Clermont et les dépendances du collége de

Bayeux, par Jean de Justice, chantre de Bayeux et chanoine de Paris. — Dix-huit bourses.

15. — *Collége de Laon.*

Il fut fondé, en 1327, rue Saint-Jean-de-Beauvais, par Guy de Laon, trésorier de la Sainte-Chapelle. De nombreux bienfaiteurs augmentèrent ses ressources, et l'un d'eux, Girard de Montaigu, avocat du roi en la Cour, lui donna son hôtel du Lion-d'Or, rue de la Montagne-Sainte-Geneviève, où le collége fut tranféré, en 1340. — Trente-six bourses.

16. — *Collége du Mans.*

Il fut fondé, en 1519, rue de Rheims, par Philippe de Luxembourg, cardinal-légat du saint-siége et évêque du Mans, et transféré plus tard à l'hôtel de Marillac, près de la porte Saint-Michel. Il se réunit, en 1757, au collége de Rheims. — Douze bourses.

17. — *Collége de Maître-Gervais.*

Il fut fondé, en 1370, rue du Foin, par maître Gervais Chrétien, premier médecin et maître astronome de Charles V. On l'appelait aussi collége de Notre-Dame de Bayeux. Il était consacré aux sciences, et le roi y fonda lui-même deux bourses pour les mathématiques. — Vingt-quatre bourses.

18. — *Collége de Narbonne.*

Il fut fondé, en 1317, rue de la Harpe, par Bernard de Farges, archevêque de Narbonne, qui l'installa dans sa maison. L'un des boursiers de ce collége, Pierre Roger, devenu pape sous le nom de Clément VI, y créa dix bourses. Il venait d'être reconstruit (1760), quand il fut réuni à Louis-le-Grand.—Vingt bourses.

19. — *Collége de Presles.*

Il fut fondé, en 1313, rue de la Montagne-Sainte-Geneviève, par Raoul de Presles, clerc et secrétaire du roi, et Guy de Laon, chanoine de la Sainte-Chapelle. Raoul de Presles était un des plus fameux jurisconsultes de son temps. Ce fut dans ce collége, dont il était le principal depuis l'an 1548, que Ramus fut assassiné, dans la nuit de la Saint-Barthélemy. — Treize bourses.

20. — *Collége de Rheims.*

Il fut fondé, en 141?, rue des Sept-Voies, dans l'ancien Hôtel de Bourgogne, par Guy de Roye, archevêque de Rheims. Les premiers boursiers étudièrent sous la direction de Gerson. En 1418, il fut pillé et dévasté par les insurgés du parti bourguignon. En 1443, Charles VIII lui adjoignit le collége de Rethel, qui était situé rue des Poirées. — Dix bourses.

21. — *Collége de Sainte-Barbe.*

Voir page 175.

22. — *Collége de Saint-Michel.*

Il fut fondé, en 1402, rue de Bièvre, par Guillaume de Chénac, patriarche d'Alexandrie, qui l'établit dans son hôtel : on l'appelait aussi collége de Chénac-Pompadour. Il compta au nombre de ses élèves le fameux cardinal Dubois. — Six bourses.

23. — *Collége de Séez.*

Il fut fondé, en 1427, rue de la Harpe, par Grégoire Langlois, évêque de Séez. Un autre évêque de Séez, Charles-Alexandre Lallemand, et un des principaux du collége, Claude Simon, le reconstruisirent presque en entier, en 1730. — Huit bourses.

24. — *Collége de Tours.*

Il fut fondé, en 1333, rue Serpente, par Étienne de Bourgueil, archevêque de Tours, qui l'établit dans son hôtel. — Six bourses.

25. — *Collége de Tréguier.*

Il fut fondé, en 1325, sur l'emplacement du Collége de France, par Guillaume de Coëtmohan, grand chantre de l'église de Tréguier. il absorba, en 1575, le collége de Léon, appelé aussi de Karembert, qui était réduit à deux bourses, et dont les bâtiments ruinés s'étaient écroulés dans la nuit du 2 au 3 novembre 1571. — Huit bourses.

26. — *Collége du Trésorier.*

Il fut fondé, en 1268, rue du Trésorier, plus tard rue Neuve-Richelieu, à l'entrée de la place de la Sorbonne, par Guillaume de Saône, trésorier de l'église de Rouen. Chaque écolier y recevait trois sous par semaine. — Vingt-quatre bourses.

27. — *Collége de Lisieux.*

Il fut fondé, en 1336, rue Saint-Étienne-des-Grès, sur une partie de l'emplacement de l'église Sainte-Geneviève, par Gui d'Harcourt, évêque de Lisieux, et doté plus tard par les trois frères d'Estouteville, dont l'un, Guillaume, fut également évêque de Lisieux. On l'appelait aussi collége de Torchi.

Il fut réuni, en 1763, à Louis-le-Grand, lors de la fusion des vingt-six petits colléges; mais les supérieurs n'ayant pas accepté cette nouvelle situation, le collége de Beauvais fut substitué à celui de Lisieux dans le collége de Louis-le-Grand, par lettres patentes du 7 avril 1764, et ses bâtiments, devenus vacants, furent occupés par le collége de Lisieux, qui y resta jusqu'en 1793. — Trente-six bourses.

28. — *Collége de Beauvais.*

Il fut fondé, en 1370, dans le Clos-Bruneau, rue Saint-Jean-de-Beauvais, par Jean, cardinal de Dormans, chancelier de France et évêque de Beauvais. Le roi Charles V en posa la première pierre. De 1597 à 1699, il porta le nom de *Presles-Beauvais*, parce qu'il partageait l'exercice des classes avec le collége de Presles. En 1699, il reprit seul le titre et l'exercice de Dormans-Beauvais. Après avoir brillé d'un vif éclat, après avoir possédé, comme maîtres ou comme élèves, saint François Xavier, le cardinal d'Ossat, Rollin et Coffin, Boileau, le marquis de la Galissonnière, etc., il avait perdu beaucoup de son ancienne splendeur, quand il fut réuni, en 1733, au collége de Louis-le-Grand. — Vingt-neuf bourses.

29. — *Collége Mignon.*

Il fut fondé, en 1343, dans la rue du même nom, par Mignon, archidiacre de Chartres, clerc du roi, et maître des Comptes à Paris. — Douze bourses.

(Page 59.)

EXPOSÉ DES MOTIFS

D'un projet de loi portant approbation des stipulations financières contenues dans une convention passée entre l'État et la ville de Paris, et ayant pour objet la translation du lycée Louis-le-Grand.

Messieurs,

Depuis quelques années, une partie des bâtiments du lycée impérial Louis-le-Grand menace ruine. Cet état de choses présentait même de véritables dangers, et des précautions ont dû être prises dans l'intérêt de la sécurité publique.

Ces mesures provisoires n'ont pourvu qu'aux besoins du moment. Il était indispensable de songer à l'avenir, et l'on a dû rechercher avec une active sollicitude les moyens de conserver à l'enseignement secondaire l'un de ses plus importants établissements.

La pensée qui s'est présentée la première a été de reconstruire le lycée sur l'emplacement qu'il occupe depuis plusieurs siècles. Ce système paraissait devoir être accueilli avec d'autant plus de faveur qu'il pouvait s'exécuter successivement, par parties distinctes, et sans interrompre les études.

Cependant, c'est un projet différent qui a prévalu dans les délibérations de la commission qui a été chargée d'examiner un ensemble de travaux nécessaires pour divers services publics. Elle a été d'avis que le lycée Louis-le-Grand serait plus convenablement établi dans les bâtiments de l'hospice des Incurables, de la rue de Sèvres, qui doivent prochainement cesser d'être affectés à leur destination actuelle.

M. le Ministre de l'instruction publique, voulant s'éclairer sur le mérite de cette combinaison, a confié à une commission spéciale, composée des hommes les plus compétents, le soin d'en apprécier les avantages et les inconvénients.

Cette commission s'est prononcée en faveur du premier système.

En présence de ces opinions opposées, se fondant l'une et l'autre sur de graves considérations, et s'appuyant sur des autorités également recommandables, l'administration de l'instruction publique a éprouvé de bien légitimes hésitations; elle a même d'abord incliné à donner la préférence au projet de reconstruction sur place.

Mais, dans les deux systèmes, et d'après de nombreux précédents, la ville de Paris était appelée à concourir à l'exécution des travaux; elle devait donc être consultée sur le parti qu'il convenait d'adopter. Une négociation s'est engagée à ce sujet entre l'administration municipale et le ministère de l'instruction publique; elle a donné naissance à une convention qui, en décidant implicitement que le lycée serait transféré dans l'emplacement de l'hospice de la rue de Sèvres, a réglé l'étendue du concours de la ville de Paris, et fixé le montant des charges imposées au Trésor.

Nous venons soumettre à votre examen cette convention, à la dernière partie de laquelle votre approbation est indispensable, et nous allons exposer les motifs qui ont déterminé le gouvernement à la conclure.

Une sincère et très-louable émotion s'est manifestée parmi les anciens élèves de Louis-le-Grand, dès qu'ils ont pu savoir qu'il était question de transporter leur vieux collége dans un autre quartier. Ce souvenir des lieux où s'était passée leur enfance, qui avaient été témoins de leurs travaux et de leurs succès scolaires, s'est réveillé chez eux avec une extrême vivacité. Mais ils ont très-bien compris que l'expression de leurs regrets, quelque touchants, quelque légitimes qu'ils puissent être, ne suffirait pas pour arrêter l'accomplissement d'un projet qui se recommanderait par une incontestable utilité. Ils se sont, en conséquence, efforcés de démontrer que, dans l'intérêt de l'enseignement, l'idée du déplacement devait être énergiquement repoussée, ils ont soutenu que le respect des traditions, le prestige des souvenirs, la puissance des liens si anciens qui existent entre le lycée Louis-le-Grand et les institutions dont il est entouré, que spécialement l'alliance si intime avec le collége si voisin de Sainte-Barbe avaient efficacement contribué à élever le niveau des études ; que le jour où ces causes morales de succès, si bien constatés chaque année dans le Concours général, auraient cessé, les mêmes soins de la part des maîtres et les mêmes efforts de la part des élèves ne produiraient plus les mêmes résultats.

Au surplus, en considérant les choses sous un autre aspect; en calculant d'abord la dépense qu'entraînerait la reconstruction ou la translation, en second lieu, le nombre d'élèves que pourrait recevoir le lycée, dans l'une et l'autre hypothèse, on a pu se croire autorisé à se prononcer pour la première.

En effet, les terrains qu'occupe aujourd'hui le lycée Louis-le-Grand, augmentés par quelques acquisitions faciles à opérer, présenteraient une surface de 19 000 mètres. Sur ce périmètre, on pourrait, au moyen de réparations dans une partie des bâtiments et de constructions nouvelles, former un établissement propre à recevoir, dans les meilleures conditions hygiéniques, 600 élèves internes. Ce nombre, l'expérience l'a démontré, ne peut être dépassé sans de sérieux inconvénients. Au delà, la direction la plus habile et la surveillance la plus active cessent d'être complétement effectives et efficaces. D'ailleurs, d'après les devis dressés par les architectes, la dépense totale ne s'élèverait qu'à la somme de 4 235 860 fr.

La translation dans les bâtiments de l'hospice des Incurables se présente dans des conditions très-différentes. Une superficie de 26 000 mètres permettrait, il est vrai, de faire un établissement plus vaste et qui pourrait recevoir 1000 internes et 500 ou 600 externes; mais le prix du terrain qu'il faudrait acheter à l'administration de l'Assistance publique est évalué à 4 200 000 francs : en y ajoutant les frais des constructions neuves et des appropriations des bâtiments qui seraient conservés, on arriverait à plus de 8 millions de francs. Sur cette somme, il y aurait à déduire environ 2 500 000 francs, valeur des terrains de la rue Saint-Jacques et de quelques parcelles qui seraient retranchées sur ceux de la rue de Sèvres. On aurait donc à dépenser, pour opérer la translation, au moins 5 500 000 francs, somme supérieure à la dépense de la reconstruction sur place.

Ainsi, le premier projet, en faveur duquel s'élèvent les considérations morales que nous avons eu soin d'indiquer, semblait offrir aussi l'avantage d'une économie considérable.

Mais une étude plus approfondie des deux systèmes, les observations qui ont été présentées dans l'intérêt de la ville de Paris, et les propositions qui ont été faites en son nom, ont modifié ces premières impressions.

Si l'on jette les yeux sur un plan de Paris, on voit que les établissements d'enseignement secondaire sont, pour plusieurs quartiers, placés dans une situation convenable, qu'ils leur offrent toutes les ressources et toutes les facilités nécessaires. Lorsque l'administration municipale aura transféré son collége Rollin de la rue des Postes dans le faubourg Montmartre, comme elle en a le projet, il n'y aura plus que les quartiers situés sur la rive gauche de la Seine, vers le couchant, qui n'aient point de lycée ou de collége à leur proximité.

On ne saurait douter que des réclamations ne s'élèvent bientôt à ce sujet, et l'administration ne doit pas d'ailleurs attendre qu'elles se produisent, si elle reconnaît qu'elles seraient bien fondées.

Un lycée serait donc très-heureusement placé au milieu de la rue de Sèvres; il se trouverait à peu près au centre des populations aux besoins desquelles il est nécessaire et juste de pourvoir. Cet établissement rendrait surtout un important service aux familles qui, par économie ou par d'autres motifs encore plus respectables, désirent pour leurs enfants le régime de l'externat, qui concilie les bienfaits de l'éducation domestique et les avantages de l'instruction publique.

Il ne faut pas se faire illusion; il serait difficile de résister aux réclamations qui se feraient entendre à cet égard : or, la création d'un collége d'externes ne coûterait pas moins de 3 millions. Cette dépense, si elle était reconnue indispensable, devrait s'ajouter à celle de 4 200 000 francs qu'aurait exigée la reconstruction sur place du lycée Louis-le-Grand. Dès lors, le chiffre total s'élèverait à 7 millions de francs, et excéderait de 2 millions la dépense du lycée établi pour 1000 internes dans les bâtiments de la rue de Sèvres.

A la vérité, on a exprimé des doutes sur l'exactitude des calculs qui viennent d'être rappelés : l'on a supposé que, lorsqu'on mettra le marteau dans les murailles de l'hospice, on pourra rencontrer des difficultés inattendues, et être obligé à des travaux imprévus. Mais n'est-il pas juste d'admettre la même incertitude pour la restauration du vieil édifice de la rue Saint-Jacques?

La ville de Paris a tranché ces délicates questions par un procédé aussi simple que décisif. Elle a offert de faire, à ses risques et périls, l'acquisition de l'hospice, d'exécuter tous les travaux de réparation ou de reconstruction nécessaires pour l'établissement d'un lycée de 1000 internes et de 500 externes, sur un périmètre de 26 000 mètres, le tout moyennant une subvention de 2 500 000 francs, qui sera payée par l'État, savoir : 100 000 francs, en 1866; 100 000, en 1867, et le surplus en six annuités égales, à partir de 1868, avec intérêts à 5 pour 100, qui courront du jour de l'achèvement des travaux.

Cette proposition offre des avantages incontestables.

D'une part, la subvention de 2 500 000 francs excède de bien peu la moitié des 4 200 000 francs que coûterait, au minimum, la reconstruction sur place, et elle a le mérite d'exclure toute chance d'augmentation dans la dépense.

D'un autre côté, au lieu des 19 000 mètres de la rue Saint-Jacques, on aura dans la rue de Sèvres 26 000 mètres, sur lesquels pourront être convenablement établis 1000 élèves internes au lieu de 600.

Enfin, il sera pourvu en même temps aux besoins de quartiers vastes et populeux. Ceux de leurs habitants qui désirent profiter du régime de l'externat, auront complète satisfaction, sans que l'administration soit obligée à faire la dépense considérable d'un lycée spécial d'externes.

En parlant du nombre de 1000 élèves internes comme devant être pris en sérieuse considération, nous ne perdons pas de vue que, dans la pensée de l'Université, ce chiffre est excessif, et que la surveillance d'un proviseur, quelque zélé, quelque habile qu'on le suppose, ne saurait atteindre son but, lorsqu'elle est obligée de s'exercer sur un aussi grand nombre d'élèves. Aussi M. le Ministre de l'instruction publique se propose-t-il de diviser le nouveau lycée en deux parties entièrement distinctes et séparées : l'une, qui sera consacrée à l'enseignement secondaire classique, contiendra 600 élèves; l'autre n'en aura que 400. Celle-ci sera un établissement d'enseignement secondaire spécial, et présentera la plus complète application de la loi du 21 juin dernier, que vous avez votée à l'unanimité.

Peut-être ces considérations et ces calculs, malgré leur force et leur vérité, ne parviendront-ils pas à calmer toutes les inquiétudes, à apaiser tous les regrets et à étouffer toutes les plaintes.

Cependant il faut bien reconnaître qu'une économie importante sera assurée. Il n'est pas possible de nier que les lycées Napoléon et Saint-Louis suffisent amplement pour recevoir les enfants des quartiers au milieu desquels ils sont placés, et les élèves des institutions voisines : ce ne sera sans doute qu'avec un sentiment douloureux que se fera la séparation de Sainte-Barbe et de Louis-le-Grand; il est bien vrai aussi que leur alliance a eu d'excellents effets, et s'est manifestée par d'éclatants succès; mais n'est-il pas permis d'espérer que d'aussi bonnes relations, suivies d'aussi heureuses conséquences, s'établiront entre le collége Sainte-Barbe et le lycée Napoléon?

Enfin le nom de Louis-le-Grand, religieusement maintenu, conservera tout son prestige; il exercera la même influence sur le zèle des maîtres et sur l'application des élèves, et il ralliera, sans aucun doute, autour du nouvel établissement, les sympathies qui ont si puissamment contribué à la prospérité et à la gloire de l'ancien,

C'est avec cette conviction, messieurs, que nous avons l'honneur de vous présenter le projet de loi qui sanctionne la convention intervenue entre la ville de

Paris et le Ministre de l'Instruction publique, pour la conservation du lycée impérial Louis-le-Grand.

Signé à la minute :

> Le président de section, rapporteur,
> DUVERGIER

*Le conseiller d'État, secrétaire général
du conseil d'État,*

Signé : DE LA NOUE-BILLAULT.

(Page 232.)

Cette première distribution des grands prix de l'Université avait eu lieu entre les dix principaux colléges de Paris.

Voici quelques détails sur ces dix colléges :

1. — *Collége du Plessis.*

Il fut fondé, en 1322, rue Saint-Jacques, par la munificence et dans l'hôtel de Geoffroy du Plessis-Balisson, abbé de Marmoutiers, notaire apostolique, et secrétaire de Philippe le Long, le même qui fit construire, douze ans plus tard, le collége de Marmoutiers. Il reçut de nombreuses dotations, et compta parmi ses bienfaiteurs le cardinal de Richelieu. Bernard Collot, qui fonda des prix pour le Concours général, fut un de ses professeurs. Il fut réuni à la Sorbonne en 1646, rebâti en 1657, et désigné souvent sous le nom de collége du Plessis-Sorbonne. Occupé, après 1793, par l'École centrale des Quatre-Nations, il fut ensuite affecté à une division du Lycée impérial, et enfin, en 1810, à l'École normale. — Cinquante bourses.

2. — *Collége des Grassins.*

Il fut fondé, en 1569, rue des Amandiers, dans l'ancien hôtel d'Albret, par Pierre Grassin, sieur d'Ablon, conseiller au Parlement, par ses deux fils et par son frère Thierry Grassin, seigneur d'Arci, directeur des monnaies. Chamfort y fit ses études, et Lebeau figura au nombre de ses professeurs, de 1736 à 1755. — Douze bourses.

3. — *Collége Louis-le-Grand (ou de Beauvais).*

Voir page 291.

4. — *Collége d'Harcourt.*

Voir page 121. (Soixante-treize bourses.)

5. — *Collége Mazarin.*

Il fut fondé, en 1661, par le cardinal Mazarin, sur l'emplacement du grand et du petit hôtel de Nesle, où s'élève aujourd'hui le palais de l'Institut, en face du pont des Arts. On l'appelait aussi le collége des Quatre-Nations, parce qu'il renfermait en effet quatre divisions, régies chacune par un principal particulier, qui était soumis à un grand-maître commun. Les bourses, au nombre de soixante et destinées exclusivement aux gentilshommes, étaient ainsi réparties :
Flandre, Artois, Hainaut et Luxembourg : vingt;
Alsace : quinze;
Pignerol et l'État ecclésiastique : quinze;
Roussillon, pays de Conflans et Sardaigne : dix.
Toutefois, bien que le nombre des écoliers ait varié de 600 à 1200, celui des pensionnaires boursiers ne dépassa jamais 32. Chacun d'eux, instruit, logé et nourri, recevait en outre 100 livres par an pour son entretien.
Deux millions furent affectés par Mazarin à cette

fondation; il lui légua aussi sa bibliothèque, formée par les soins du savant Gabriel Naudé, et composée de 42 000 volumes.

6. — *Collége de Lisieux.*

Voir page 290.

7. — *Collége de la Marche.*

Il fut fondé, en 1362, dans l'impasse d'Amboise, au bas de la place Maubert, sur l'ancien emplacement du collége de Constantinople, et avec le titre de collége de la Petite-Marche, par Jean, ancien recteur de l'Université, et par son neveu, Guillaume, chanoine de Toul, tous deux originaires de la Marche, en Lorraine. Leur compatriote et exécuteur testamentaire, Beuve de Winville, curé de Rosière-aux-Salines, augmenta la fondation et transporta le collége rue de la Montagne-Sainte-Geneviève, où il prit le nom de la Marche-Winville. Il fut, après 1793, transformé en institution particulière, et c'est là qu'étudièrent, de 1797 à 1802, les deux fils de Toussaint-Louverture. — Vingt bourses.

8. — *Collége de Montaigu.*

Il fut fondé, en 1314, rue des Sept-Voies, au coin de la rue Saint-Étienne-des-Grès, par Gilles Aicelin de Montaigu, archevêque de Rouen. La fondation assurait à chaque écolier dix livres par an. Parmi ses principaux, on compte Noël Beda et Jean Standonck, qui, d'abord domestique dans la maison de Sainte-Geneviève, fit seul son éducation, et devint recteur en 1485. Ignace de Loyola étudia pendant dix-huit mois les humanités à Montaigu. La discipline rigoureuse de la maison était passée en proverbe. La nourriture comprenait du pain, des œufs, des légumes; jamais de viande. Les élèves faisaient eux-mêmes tous les travaux d'intérieur.... Rabelais l'appelle le collége de pouillerie. On connaît le dicton : *Mons acutus, acuti dentes, acutum ingenium.* — Quatre-vingt-huit bourses.

9. — *Collége de Navarre.*

Il fut fondé, en 1304, sur l'emplacement de l'École polytechnique, par Jeanne, reine de Navarre, femme de Philippe le Bel, qui lui légua une somme de 2000 livres tournois. Il reçut des dotations des rois Louis XI, Charles VIII, François Ier, Louis XIII, Louis XIV, et du cardinal de Richelieu. On l'appela aussi quelquefois collége de Champagne. C'était le plus vaste des établissements de ce genre : le roi avait le titre de premier boursier du collége, et le revenu de sa bourse servait, dit-on, à acheter des verges pour châtier les autres. Il compta parmi ses élèves des membres de la famille royale et les enfants des plus grands seigneurs. « Le jeune prince de Béarn, depuis Henri IV, dit l'historiographe Mathieu, fut mis au collége de Navarre, pour y être institué aux bonnes lettres. Il y eut pour compagnon le duc d'Anjou, depuis Henri III, qui fut son roi, et le duc de Guise, qui le voulut être. » Là aussi étudièrent Jean Gerson, P. d'Ailly, Nicolas Oresme, Ramus, Jean de Launoy, du Bouloy, Richelieu et Bossuet.

Pillé en 1418 par les Bourguignons, et rétabli en 1464, il s'annexa, en 1638, les colléges de Boncour et de Tournai.

Il fut longtemps le chef-lieu de l'Université et le lieu de dépôt de ses archives. Dans sa chapelle, dédiée à saint Louis, on tenait les assemblées et on célébrait les Offices et les Services de la Nation de France. — Quatre-vingt-deux bourses.

10. — *Collége du cardinal Lemoine.*

Il fut fondé, en 1303, rue Saint-Victor, dans le clos du Chardonnet, par Jean Lemoine, cardinal-prêtre du titre de Saint-Marcellin, légat du saint-siége, secondé par son frère, André Lemoine. Chaque année, on y célébrait, le 13 janvier, la fête de son fondateur : un écolier assistait aux offices, revêtu des insignes du cardinal, et les autres venaient lui réciter des vers à sa louange. En 1602, il eut pour principal le célèbre Richer. — Vingt-quatre bourses.

FIN DE L'APPENDICE.

TABLE DES MATIÈRES.

Préface 5
Lycée Louis-le-Grand 11
Lycée Charlemagne......................... 63
Lycée Bonaparte........................... 85
Lycée Napoléon 101
Lycée Saint-Louis......................... 121
Collége Rollin............................ 137
Collége Stanislas......................... 153
Les institutions libres 173

Lycée Louis-le-Grand.

1° Institution Sainte-Barbe................ 175
2° Institution Savouré..................... 183

Lycée Charlemagne.

1° Institution Favard...................... 185
2° Institution Massin...................... 187
3° Institution Jauffret.................... 190
4° Institution Verdot...................... 191

Lycée Bonaparte.

1° Institution Bellaguet................... 194
2° Institution Carré de Mailly............. 195

Lycée Napoléon.

1° Institution Hallays-Dabot	197
2° Institution Jubé	198

Lycée Saint-Louis.

1° Institution Barbet	200
2° Institution Hortus	201
3° Institution de Reusse	203
LE CONCOURS GÉNÉRAL	207
APPENDICE	277

FIN DE LA TABLE DES MATIÈRES.

Paris. — Imprimerie générale de Ch. Lahure,
Rue de Fleurus, 9.

www.ingramcontent.com/pod-product-compliance
Lightning Source LLC
Chambersburg PA
CBHW071414150426
43191CB00008B/911